16세기 영국의 교육사상가들

이 저서는 2022년도 강원대학교 대학회계의 지원을 받아 수행한 연구임.

16세기
영국의 교육사상가들

1. 토마스 엘리어트

김성훈 지음

學古房

차례

토마스 엘리어트의 교육이론

《가버너》, I, iv-xxvii ... 13

머리말

이 책을 처음 기획할 때는 16세기 영국 교육학을 대표하는 세 명의 교육사상가를 모두 다루려고 했다. 그러나 필자의 역량 부족에 물리적인 시간까지 촉박하여 원계획에서 한 발짝 물러설 수밖에 없었다. 그로 말미암아 책명에 부제를 추가했고, 연구 범위도 토마스 엘리어트(Thomas Elyot)의 교육이론으로 제한했다.

주지하듯, 엘리어트는 《가버너(Gouvernour)》 1권, 4-27장에서 그의 교육에 대한 생각을 자세히 밝혔다. 한편으로는 그 시대 성행하던 인문주의 사고의 영향을 받았고, 다른 한편으로는 튜더 잉글랜드의 국가적·민족적 특징을 반영했다. 엘리어트의 《가버너》는 영어로 쓰인 최초의 교육 논고 중 하나라는 점에서 역사적으로 의의가 있다.

이번에 다루지 못한 내용—로저 아스캄(Roger Ascham)과 리처드 멀캐스터(Richard Mulcaster)의 교육 담론 분석—은 다음 과제로 넘긴다. 이 일련의 작업은 오늘날 역사학자와 교육학자 사이에서 점차 그림자 영역으로 전락하고 있는 16세기 영국 교육학에 지적인 생명성을 불어넣는 일이다.

끝으로 책의 출간을 흔쾌히 허락해주신 학고방 하운근 대표님께 감사드린다. 그리고 촉박한 시일에도 책 제작에 심혈을 기울인 출판사 편집진께 고마움을 전한다.

2024년 8월

김성훈

토마스 엘리어트: 연보

1490. 토마스 엘리어트 태어남. 영국 서남부 윌트셔. 아버지 리처드 멀캐스터는 왕의 법정 변호사이자 서부지역 순회판사로 명망이 높았던 법률가. 엘리어트는 어릴 때 집에서 자유학예와 철학을 공부함.

1510. 아버지의 영향으로 런던의 4대 법학원 중 하나였던 미들 템플에 입학. 이 시절 토마스 모어의 런던 집을 드나들며 신학문인 인문학을 접함. 토마스 모어의 학생이었던 마가레트 배로우와 결혼. 아버지 밑에서 서부지역 순회판사 서기로 활동.

1522. 아버지의 죽음. 영지를 물려받고 경제적으로 안정됨.

1524. 오랜 친구 토마스 크롬웰의 추천으로 왕의 위원회 상급 서기로 활동.

1530. 울지 추기경이 실각하면서 왕의 위원회에서 물러남. 케임브리지 칼튼에 정착. 바쁜 공직생활에서 물러나 삶의 여유와 학문의 즐거움을 만끽함. 주저《가버너》를 완성.

1511. 대륙의 카를 5세 궁전에 특사로 파견됨. 헨리 8세의 이혼이라는 '불가능한' 임무를 맡음. 1년 만에 영국으로 소환됨. 이후 영지를 중심으로 공증인, 지방행적관, 의회 멤버 등으로 활동. 영국의 종교개혁 운동에 관여하여 옥스퍼드 지역의 수도원 개혁(해산?)에 일조함. 생(生의) 마지막 십오 년을 인문학 저술과 번역 작업에 바침.

1546. 칼튼에서 죽음. 후사가 없어서 조카인 리처드 푸튼햄이 엘리어트의 유산을 물려받음.

토마스 엘리어트의 교육이론

《가버너》[1], I, iv-xxvii

통치자 교육

엘리어트는 통치자[2] 교육의 전거(典據)를 권위 있는 저자들의 주장과 일상의 경험에서 찾았다. 그는 유덕하고 공공의 이익[3]에 봉사할 사람들을 길러내는 방법을 지혜롭고 영리한 정원사의 방법에 빗대 설명했다.

나는 지혜롭고 영리한 정원사의 방법을 따를 테다. 마당에

---

1 The Boke named the Governour. 이하 인용한 책은 Thomas Elyot, *The Book named The Governor*, ed. Stanford Lehmberg (London: Dent, 1962).

2 책 제목인 가버너(governour)를 번역한 말이다. 튜더 잉글랜드 시대의 신흥 통치자 집단을 일컫는다. 엘리어트는 교육을 통해 국가를 책임질 유능하고 믿을만한 새로운 지배층을 길러내고자 했다. 교육받은 사람들의 지적이고 도덕적인 힘이 사회개혁의 원동력이라는 주장이다.

3 알프스 이북지역에서 인문주의 운동은 사회적인 성격이 강했다. 엘리어트의 통치자 교육론 역시 공공의 복리 증진에 주안점이 놓였다. 이탈리아의 인문주의자들이 개인적인 생명성에 주목했던 것과 대비된다.

좋고 값비싼 식물을 심어 나중에 그 자신과 다른 사람들을 위해 아주 넓고 쾌적한 정원을 가꾸려는 사람은, 우선 그의 마당 구석구석을 살펴보면서 가장 부드럽고 기름진 땅을 찾는다. 그런 뒤에 그 땅에 식물의 씨앗을 뿌리고 그것이 잘 자라도록 주변 잡풀을 부지런히 정리한다. 일단 식물의 싹이 보이기 시작하면 뿌리까지 젖을 만큼 물을 흠뻑 주어 빠른 성장을 재촉한다. 그러다가 식물의 줄기가 올라오면 지지대를 세우고 주변의 잡풀을 열심히 제거한다. 이러한 방법으로 나는 좋은 집안에서 태어난 아이들의 훌륭한 기지를 단련할 것이다. 그래야만 그들은 어머니의 자궁에서부터 공공의 복리를 관리하는 사람들로 성장할 수 있다(15).

엘리어트는 고대인들의 설명 방식을 모방하여 교육을 정원사의 일에 비유했다. 특히 그 자신이 영어로 번역하여 누이에게 헌정했던 플루타르코스[4]의 교육 논고[5]를 참고했던 것 같다. 엘리어트는 지방

---

4   Πλούταρχος, 고대 그리스 출신의 철학자, 저술가.

5   Πλούταρχος, *περί παίδον άγογης*, 2B. "농사일처럼, 먼저 땅이 좋아야 하고, 다음으로 농부의 기술이 좋아야 하며, 마지막으로 씨앗이 좋아야 한다. 본성은 땅에, 교사는 농부에, 그리고 조언이나 권고는 씨앗에 해당한다."

젠트리[6] 출신의 법률가이자 정치가였지만, 토마스 모어[7]의 런던 집을 기점으로 당대의 인문주의자들과 교우하면서 고대와 동시대의 인문주의 저작을 폭넓게 공부했던 딜레당트[8]였다.

　아이는 어머니의 젖을 먹고 자라는 것이 가장 좋지만, 그것이 여의치 않을 때는 유모의 도움을 받아야 한다. 엘리어트는 유모가 스무 살에서 서른 살까지의 젊은 여성으로서 몸과 마음이 모두 건강해야 한다고 생각했다. 우선 유모는 몸이 아프지 말고 기형인 곳이 없어야 하며 혈색이 좋고 쾌활해야 한다. 이 모든 것은 양질의 수유(授乳)를 위함이었다. 다음으로 유모의 마음이 비루하고 악덕한 것을 경계했다. 엘리어트는 "아이가 유모의 젖과 사악함을 함께 먹고 자란다"(15)라는 고대인들의 충고를 잊지 않았다. 본디부터 유모는 유덕하고 신중하고 엄숙한 여성이어야 하고, 특히 아이가 보는 앞에서는 어떤 부정한 짓도 상스러운 말도 삼가야 한다. 이런 까닭에 아이 방에는 의사를 제외한 다른 남성들의 출입을 금했다. 뭇 사내들의 나쁜 언동으로 아이들의 부드럽고 여린 마음이 사악함에 물들고 타락할 수 있기 때문이다.

　아이들은 주변에서 자주 듣고 보는 것을, 그것이 도덕적으로 선하

6　gentry. 지방에 작은 영지를 소유한 신사 계급. 16세기 영국에서 신흥정치 세력으로 왕과 손을 잡고 대귀족을 견제하는 역할을 했다.

7　Thomas More. 튜더 잉글랜드 시대의 법률가이자 정치가.

8　dilettante.

든 악하든 그대로 따라 하는 경향이 있다. 이런 전제로부터 엘리어트는 아이들이 유모의 젖을 먹을 때부터 도덕적으로 나쁜 것은 듣지도 보지도 말아야 하고, 아이들이 말을 배우기 시작하면 바로 상냥한 태도와 바른 행실을 부지런히 익혀야 하며, 아이들 앞에서 지인과 친구들의 언행은 도덕적으로 나무랄 데가 없어야 한다고 주장했다. 그러면서 장차 국가의 통치자로 자라날 고귀한 집안의 아이들은 어려서부터 아첨꾼들을 멀리하면서 반면교사로 삼고, 스스로는 배길 수 없는 자만에 빠지지 않도록 조심해야 한다고 부연했다. 통치자들이야말로 잘못된 본보기를 통해 대중을 호도하는 일을 가장 경계해야 할 테니까.

학습의 순서: 일곱 살 때까지

엘리어트는 아이들이 일곱 살이 될 때까지 학습을 미루는 고대의 관습[9]에 반대했다. 앞으로 국가를 통치할 사람들은 일반 백성들에게

---

9   아이들이 학습의 노고를 견디고 그로부터 이익을 얻을 수 있는 가장 이른 나이가 일곱 살이라는 견해는 고대의 교훈시 υποθέκας(현전하지 않는 작자 미상의 작품)에서 비롯된 것이다. 이후 고대의 저술가들과 르네상스 인문주의

훌륭한 모범을 보이면서 자신들의 과업을 지혜롭고 진중하게 수행하기 위해 모국어보다 고전어[10]를 가급적 빨리 배우고 익히는 편이 좋았다. 다만, 어린아이들에게 학습을 강제하는 일은 삼갔다. 엘리어트는 퀸틸리아누스[11]를 소환하여 아이들을 칭찬하는 일에 인색하지 말고, 또래가 좋아할 만한 작은 선물을 준비하여 아이들의 학습 의욕을 북돋아야 한다고 주장했다. 아울러 아이들이 공부를 놀이의 일부로 볼 수 있는 학습 방법을 제안했는데, 이를테면 아이들이 처음 알파벳을 배울 때는 재미 삼아 글자의 모양을 따라 그리거나 색칠 놀이를 하면서 글자를 익혀야 한다는 식이었다.[12] 엘리어트는 아이들의 경쟁심에도 호소했는데, 특히 양반가 자제들에게는 범부의 자식들보다 뛰어나야 한다는 선민의식을 고취했다. 칭찬과 선물을

자들 사이에서 자주 논쟁거리가 되었다.

10 엘리어트와 같은 인문주의자에게 교육은 곧 학습을 의미했다. 이 시절 학습이 고대 그리스와 로마의 언어를 공부하는 일이었음은 두말할 필요도 없다.

11 Quintilian. 로마 시대 최고의 교사이자 교육사상가. 엘리어트는 퀸틸리아누스의 《웅변가교육론(Institutio Oratoria)》을 직·간접적으로 인용하면서 자신의 교육 담론을 전개했다. 이런 엘리어트를 가리켜 르네상스 시대의 소(小)퀸틸리아누스로 부르기도 하지만, 학습에 대한 몇 가지 충고를 제외하면 양자 간의 연결 고리는 모호하기도 하다.

12 퀸틸리아누스의 《웅변가교육론》에도 비슷한 구절이 나온다. "나는 아이들이 문자 모양의 상아를 장난감처럼 가지고 놀면서 글자를 익히기 바란다. 그들이 보고, 만지고, 떠들면서 좋아하는 것은 무엇이든 학습에 활용해야 한다"(Quintilianus, *Institutio Oratoria*, 1.1.26).

통해 어르고 달래고, 때론 경쟁심을 부추기는 일도 필요하지만, 학습의 과정에서 가장 중요한 것은 하나씩 차근차근 배워나가는 것이었다. 엘리어트는 라틴어 학습법을 알기 쉽게 설명했다.

> 아이들에게 주변에서 자주 보는 사물들의 이름과 인체 각 부분의 명칭을 라틴어로 알려준다. 그리고, 그들이 가지고 싶은 물건을 준비하여 그것을 얻으려면 라틴어로 어떻게 말해야 하는지 가르쳐준다. 이런 식으로 어려서부터 라틴어를 배운 아이들은 차츰 말문이 트인다. 그리하여 훗날 라틴어를 배울 때 고생을 하지 않고, 이 언어로 쓰인 것은 무엇이든 알 수 있다(17-18).

엘리어트는 잠시 문법 공부로 화제를 돌렸다. 예나 지금이나 아이들이 어려워하는 과목이다. 그러나 과거 어느 때보다 라틴어는 물론 희랍어도 아이들이 이해하기 쉬운 문법책들이 많은 시대를 살고 있다고 자평했다. 그만큼 고전어 학습에 우호적인 환경이 조성됐다는 말일 테다. 다시 본래의 주제로 돌아가자. 엘리어트는 학습을 일찍 시작하는 것 못지않게 요람에서부터 올바른 언어 습관을 형성하는 일이 중요하다고 생각했다. 이를 위해 유모를 비롯한 주위의 여성들이 모범을 보여야 한다. 그들이 올바른 라틴어를 구사할 수 있으면 가장 좋겠지만, 적어도 모국어 사용에는 흠결이 없어야 한다. 특히

발음이 정확하고, 함부로 글자나 음절을 빼먹지 말아야 한다. 그래
야만 아이들이 어려서부터 잘못된 발음을 습득하지 않는다.

엘리어트는 유년기의 학습이 중요한 이유로 두 가지를 꼽았다. 훗
날 어떤 식으로든 아이들의 학습에 도움이 된다는 것이 하나였고,
일곱 살 때까지 공부한답시고 부산을 떨다 보면 아이들의 마음속에
나쁜 것들이 들어올 틈이 생기지 않는다는 것이 다른 하나였다.

가정교사: 선정 시기와 역할

엘리어트는 아이가 일곱 살이 되면 여성들의 무리[13]에서 벗어나
가정교사의 지도를 받아야 한다고 생각했다. 가정교사는 나이 지긋
한 점잖은 남자로서 성품이 온화하고 진중하며 아이가 보고 배울만
한 사람이어야 한다. 여기에 학식까지 출중하다면 더 바랄 것이 없
다. 이와 관련해 엘리어트는 고대의 예를 소개했다. 아킬레우스[14]의

---

13 성적(性的)인 문란함을 경계한 처사다. 사내아이가 어느 정도 나이가 들면
    주변에 젊은 여성들을 두지 않음으로써 어린 나이에 마음이 정념에 휩싸
    여 덕과 이성을 멀리하지 않도록 한다. 물론 한두 해 정도 노부인이 아이
    의 잠자리 시중을 드는 것은 괜찮았다.
14 Achilles. 고대 그리스 신화에 나오는 영웅.

멘토였던 포이닉스[15]를 시작으로 필리포스[16]를 가르쳤던 에파미논다스[17], 그리고 알렉산드로스[18]의 가정교사였던 레오니다스[19]까지 고대의 명망 있는 교사들을 열거했다. 그러면서 첨언하길, 알렉산드로스는 어려서부터 곁에서 목격한 레오니다스의 못된 습성-화를 잘 내고 조급하게 굴며 과음을 일삼는-을 자기도 모르게 배워 평생 떨쳐내지 못했는데, 그만큼 가정교사의 선한 면모 못지않게 나쁜 영향도 꼼꼼히 따져보는 일이 중요하다는 말이었다.

엘리어트는 아이의 타고난 성향에 따라 가정교사의 역할을 달리 처방했다. 본래부터 공손하고 정이 많고 자유로운 아이라면, 그런 훌륭한 마음을 더욱 고양하기 위해 힘써야 한다. 교사는 아이에게 유덕한 인생이 명예롭고, 즐겁고, 값진 것이라는 가르침을 주어야 한다. 그러나 그 반대의 경우라면, 전연 다르게 대처해야 한다. 아이의 사악한 기질에 재갈을 물리고, 그것이 극악무도하고 혐오스러운 것이라는 인상을 심어주어야 한다. 그것 때문에 어떤 위험이 발생했다면 바로 제재를 가함으로써 경각심을 고취하고, 아이가 몹시 싫어할 만한 언사를 동원해 재발 방지에 힘써야 한다.

---

15 Phenix. 트로이 전쟁에 참전한 장군. 아킬레우스의 아버지와 친분이 있었다.

16 King Philip. 마케도니아의 필리포스 2세.

17 Epaminondas. 테베의 용장. 학식도 출중했다.

18 Alexander. 필리포스 2세의 아들. 대제국의 건설자.

19 Leonidas. 알렉산드로스의 유년기 교사.

음악의 효용성

엘리어트는 중용의 덕을 강조했다. 가정교사는 아이에게 쉼 없이 공부만 시켜서는 안 된다. 그랬다가는 아이의 섬세하고 부드러운 기지가 공부의 중압감으로 점차 무디고 둔해질 것이다. 엘리어트는 학습과 휴식이 조화를 이루어야 한다는 가정하에 아이가 공부하는 틈틈이 악기 연주와 같은 유쾌한 활동을 통해 기분을 전환하는 일이 필요하다고 주장했다.[20]

엘리어트는 자기주장의 근거를 고대[21]에서 찾았다. 먼저, 트로이 전쟁에서 실의에 빠져있던 아킬레우스가 리라[22]를 연주하고 옛 용사들의 무용담을 노래하면서 마음을 추슬렀다는 이야기를 꺼냈다. 이어 그런 영웅을 찬미했던 알렉산드로스를 불러냈다. 일리온[트로이]을 점령한 후 알렌산드로스는 아킬레우스의 리라를 보기를 청했으니까.

---

20 이 대목에서 엘리어트는 예언자 다윗(David)의 리라 소리가 사울왕(King Saul)을 괴롭혔던 악령을 물리쳤다는 이야기를 예로 들었다. 음악이 마음을 진정시키는 효과가 있다는 주장이었다.

21 엘리어트가 인문주의자였다는 사실을 기억하라. 비록 전업 학자는 아니었지만, 그는 당시 영국에서 신학문으로 부상하던 인문학의 열렬한 추종자였다.

22 Lyre. 서양 고대의 현악기. 하프와 닮았다.

엘리어트는 음악에 대한 무절제한 탐닉을 경계하는 일을 잊지 않았다. 이번에는 로마의 황제 네로[23]를 예로 들었다. 황제는 긴 여름날 노천극장에 문무백관을 모아놓고 쉬지 않고 계속 리라를 켜면서 노래를 불렀다는데, 참석자들 가운데 누구 하나 졸거나 지겨운 기색을 보이면 바로 중죄로 다스렸다. 어찌 보면 그런 자의 연주와 노래를 온종일 듣는 일 자체가 벌을 받는 것인지도 모르겠다.

엘리어트는 국가를 통치하는 사람들이 자신들의 공적인 직무를 내팽개치고 음악에만 심취해 살아서는 안 된다고 생각했다. 그럴 바에는 차라리 음악을 배우지 않는 편이 나으리라. 다시 고대의 예가 등장한다. 일찍이 필리포스는 알렉산드로스의 노래 솜씨가 뛰어나다는 말을 듣고 아들에게 그런 것은 공공연히 자랑할만한 일이 아니라며 점잖게 타일렀단다. 엘리어트는 음악의 효용을 두 가지로 정리했다. 개인적으로 위로받고 싶을 때 마음을 다독이는 것이 하나였고, 기지의 우수성을 내보이는 것이 다른 하나였다. 엘리어트는 아리스토텔레스[24] 운운하며 음악이 예부터 학(學)의 하나[25]로서 대접

---

23 Emperor Nero. 제위 초반의 선정에도 불구하고 역사에는 폭군으로 기록된 인물.

24 Aristotle. 플라톤(Πλάτων)과 함께 고전기 그리스를 대표하는 철학자. 학문 전반에 걸친 백과전서적 학자로 유명했다.

25 고대 그리스 사회에서 음악은 기능적인 교과를 넘어 인간의 영혼을 도야하는 도덕적 교과였다. 이후 로마를 거쳐 중세로 넘어가면서 서양에서는 일곱 개의 자유학예(septem artes liberales)로 교육과정을 구성하는 전통이 생

받았음을 상기했다. 마음을 다그치지만 말고 가끔은 쉬면서 위로하라는 말일 테다.

엘리어트의 교육론은 계급적 성격이 짙었다. 음악에 관한 논의도 예외가 아니었다. 음악은 어디까지나 공부의 노고를 달래주는 여가 활동에 불과했다. 시도 때도 없이 탐닉할 대상이 아니었다. 특히 지체 높은 사람이 대중 앞에서 공공연히 악기를 연주하고 노래를 부르는 일은 바람직하지 않았다. 통치자(다스리는 자)와 피통치자(다스림을 받는 자)의 경계를 허물어 스스로 필부임을 자인하는 꼴이었다. 백성들이 일개 광대나 음유시인을 나라의 통치자로 공경하고 두려워할 리 없으므로 양반가 자제들은 자신들의 고귀한 직분을 망각하지 않는 것이 중요했다. 다만 엘리어트는 음악에 정통한 자가 통치술에도 밝다는 흥미로운 주장[26]을 전개하면서 음악 공부의 필요성을 개진했다. 서로 다른 음을 조율하며 아름다운 소리를 내는 음악가의 일이 서로 다른 계층(급) 간의 사회적 조화를 모색하는 통치자의 일과 닮은 구석이 있다는 해석인데, 그만큼 음악을 가벼운 여흥거리로만 치부하지 말고 거기에 잠재된 진중한 목적을 견지하라는 말이었다.

겨났는데, 여기에 음악은 빠지지 않고 등장했다.

26 엘리어트의 독창적인 견해는 아니었다. 플라톤과 아리스토텔레스의 주장이라며 음악 교과의 정치적, 계급적 성격을 논의했다.

회화와 조각의 쓸모

엘리어트는 아이의 적성에 맞아야 한다는 전제는 두었지만, 학습 후 여가활동으로서 회화나 조각을 권장했다. 전자가 펜으로 평면상에 형상을 그려내는 일이라면, 후자는 돌이나 나무에 형상을 아로새기는 작업이었다.

고귀한 집안의 아이들을 환쟁이나 석수장이로 만들 셈이냐는 세간의 비판을 의식했는지, 엘리어트는 고대 로마에서 그림을 잘 그리고 조각술이 뛰어났던 황제들[27]을 예로 들었다. 그리고 그들이 남긴 작품들이 여가 시간을 허투루 낭비하지 않은 훌륭한 기지와 덕의 표본이었음을 역사적으로 예증했다.

엘리어트는 실용적 목적도 묵과하지 않았다. 특히 회화나 조각의 군사적[28] 쓸모에 주목했다. 엘리어트는 비트루비우스[29]를 인용하며 이런 기예에 뛰어난 왕이나 통치자가 화차처럼 전장에서 유용한 기

---

27 클라우디우스(Claudius), 티투스(Titus), 하드리아누스(Hadrian), 안토니누스 (Antonines).

28 아직 근대적 상비군 제도를 갖추지 못했던 튜더 잉글랜드 사회에서 국가 의 통치자 계급은 여전히 중세적 의미에서의 기사들로서 군사적 의무에 소홀할 수 없었다.

29 Vitruvius. 고대 로마의 건축가. 그가 남긴 《건축서(De Architectura)》는 현존 하는 고대 유일의 건축 서적이다.

계 장치를 고안하거나 만들고 그 성능 개선에 앞장섰다는 역사적 사실을 환기했다. 그뿐인가, 전쟁터에서 그림 솜씨가 뛰어난 장수는 적진의 지형지물을 세밀하게 잘 그려냄으로써 아군에게 유리한 작전 계획을 세우고 전투에서 승리했다. 그리고 자기 진영의 장단점과 유불리가 한눈에 들어오는 그림을 보면서 자국의 안위와 이익을 증진하는 방향으로 일을 구상하고 자원을 사용했다. 그밖에도 엘리어트는 그림과 같은 시각 자료가 학습을 촉진하는 효과가 있다고 주장했다.[30] 이를테면 옛이야기를 읽거나 들을 때 삽화를 곁들이면 훨씬 쉽게 이해하고 오래 기억하는 법이다. 또, 공상의 나래를 펼칠 수 있으니 재미를 더할 수 있고 그림의 생생함이 글이나 말의 밋밋함보다 독자나 청자의 마음을 설득하고 움직이는 데 효과적이다. 이어 엘리어트는 기하학, 천문학, 천지학과 같은 교과들을 예로 들었다. 이들 교과를 공부할 때도 글로만 읽거나 듣지 말고 그림과 도표를 활용하면 학습 시간을 단축할 수 있으므로 그런 시각 자료를 담은 기하학, 천문학, 천지학 독본들이 가치가 있다고 주장했다.

심지어 엘리어트는 예술적 역량이 뛰어나고 학습에 모자람이 없고 내면의 상상력이 충만한 자라면, 자신의 기개와 덕을 고취할만한 역사의 한 장면이나 옛 선인들의 글귀에서 얻은 영감을 몸소 예술적으로 표현할 수 있어야 한다고 생각했다. 이와 관련해 엘리어트는

---

30 동시대를 앞서는 주장이었다. 17세기에 이르러서야 시청각 교육이 새로운 교수법의 하나로 등장했다.

고대의 두 사례를 소개했다. 리시포스[31]가 사나운 사자와의 싸움을 형상화하여 알렉산드로스 대왕의 용맹함을 묘사했던 것이 하나였고, 페이디아스[32]가 호메로스[33]의 시구[34]에 고취되어 올림피아에 제우스[35]상을 조각했던 것이 다른 하나였다.

물론 엘리어트는 장차 국가의 통치자로 성장할 아이들을 대충 화가나 조각가로 만들 생각이 없었다. 온몸에 이런저런 색깔의 염료를 묻히고 돌가루와 먼지를 뒤집어쓴 모습이 백성들의 눈에 보기 좋을 리 없을 테니까.

다만 천부적인 재능이 뛰어난 경우라면 이런 방면으로 자유롭게 훈련을 받아도 무방했다. 엘리어트는 회화와 조각의 실용적 목적을 용인했지만, 그것들의 주된 용도를 학습 후 여가활동으로 제한했다. 그렇더라도 그런 작업을 통해 얻은 정교한 지식과 통찰이 예술적 안목을 높여주고 다른 공부나 일에도 전이된다고 믿었다.

---

31 Lysippus. 헬레니즘 시대를 대표하는 조각가였다. 당대 가장 유명한 조각가였다. 예전과는 달리 사실적인 표현으로 동시대인들을 놀라게 했다.

32 Phidias. 고대 그리스 최고의 조각가였다. 신의 형상을 나타낸 그림이나 조각을 많이 남겼다.

33 Homer. 고대 그리스 최대의 서사시인.

34 "모든 신의 아비인 제우스가
    짙검은 눈썹을 치켜들고,
    머리채를 흔들자, 그 웅장한
    자태에 천지가 요동쳤다."

35 Jupiter. 그리스 신화의 주신(主神).

엘리어트는 락탄티우스[36]가 로마의 콘스탄티누스 황제[37]에게 간언한 내용이라며 "훌륭한 식견[38]이 덕을 낳고, 덕이 행복을 낳는다"(26)라고 주장했다.

엘리어트는 옛 로마에서 덕망 높고 공공의 복리 증진과 제국의 번영에 앞장섰던 황제들이 훗날 신에 버금가는 이름[39]으로 불렸음을 상기하면서 작금의 통치자들도 유덕하고 명예로운 자들이 되기를 바랐다.

---

36 Lactantius. 초기 교회의 신학자, 저술가. 로마에서 기독교를 공인한 콘스탄티누스 1세의 종교자문관이었다.

37 Emperor Constantine. 기독교 공인과 수도 천도라는 굵직한 업적을 남겼다.

38 대뜸 식견, 덕, 행복 운운한 것이 생뚱맞지만, 엘리어트는 예술 작업을 통해 길러진 아이의 우수한 식견, 즉 사물을 분별할 수 있는 능력을 염두에 두었다.

39 고대 로마에서 황제가 죽으면 국가 신성(divi)으로 신격화했다. 지상에서 황제는 신과 다름없었다. 후임자가 전임자를 신격화함으로써 자신은 신의 아들이 되었다.

교사의 중요성

엘리어트는 아이가 모국어로 8품사 정도를 익히고 나면 고전어 학습을 시작하라고 충고했다. 이를 위해 희랍어와 라틴어에 능통한 교사를 구하는 일이 급선무였다. 이때 가르치는 자의 품성도 중요했다. 진지하고 도덕적이고 순수하고 상냥하고 참을성 있는 사람이면 좋았다. 어쨌든 자신의 부정한 본보기로 아이의 여린 마음을 더럽히지 말아야 했다. 나중에 회복이 어려운 데다, 착한 행실에 감흥을 받기보다 문란한 언행에 휩싸여 타락의 길로 빠지기 쉬운 것이 아이들의 마음일 테니까. 엘리어트는 잔인하고 무서운 교사를 만나면 아이들의 기지가 무뎌진다는 사실을 지적했다. 마뜩잖은 이유로 매질이 난무하는 현실에서 엘리어트는 교사에게 당부하길, 아이들에게 무턱대고 화를 내거나 겁을 주지 말고 그들의 마음에 내재한 수치심과 칭찬받으려는 욕구부터 주의 깊게 살펴보라고 했다. 아이들의 그릇된 행동에 수치심이라는 재갈을 물리고, 아이들의 칭찬받고 싶은 마음을 학습과 덕의 원동력으로 삼으라는 요구였다. 이는 엘리어트가 동시대 인문주의자들의 주장[40]을 답습한 것이었다. 그러나 그는 내

---

[40] 한 예로, 에라스무스(Erasmus)의 《아동교육론(De pueris instituendis)》에도 "칭찬"과 "부끄러움" 같은 심리적인 방법을 동원해 아이의 학습 의욕을 고취하라는 주장이 나온다. 엘리어트가 모어의 런던 집에서 당대의 뛰어난

친김에 고대로 발걸음을 옮겼다. 거기에는 퀸틸리아누스가 있었다. 이 로마의 교육자는 칭찬에 고무되고 뒤처짐에 슬퍼할 줄 아는 아이, 야심을 먹고 자라며 꾸짖음에 입술을 깨물며 분발할 줄 아는 아이, 재능은 좀 부족하더라도 자신을 부지런히 채근할 줄 아는 아이, 그런 아이야말로 장차 훌륭한 웅변가로 성장할 수 있다고 믿었다.[41] 그리고 그런 아이를 교육할 때도 아이의 성향과 적성에 맞는 교재를 골라 강압적이지 않게 조금씩 가르치면서 아이의 학습욕을 점차 끌어올리라고 충고했다.[42] 그뿐인가 좋은 교사의 중요성을 강조하기 위해 어린 알렉산드로스의 가정교사 노릇을 마다치 않았던 철학자 아리스토텔레스의 사례를 소개했다.[43] 이 대목에서 엘리어트는 필리포스가 아리스토텔레스에게 보낸 편지 내용을 공개했다. 골자는 아이가 세상에 태어나는 것 못지않게 훌륭한 교사의 지도를 받는 일

인문주의자들과 교우했음을 기억하라.

[41] "나에게 칭찬에 고무되고, 성공에 기뻐하며, 실패에 슬퍼할 줄 아는 아이를 달라. 그러한 아이는 성공하고 싶은 야심이 있어 공부에 매진한다. 남들보다 뒤떨어지면 입술을 깨물고 노력하며 실추된 명예를 회복하기 위해 최선을 다한다"(Quintilianus, 1.3.6-7).

[42] "입구가 좁은 물병에는 많은 양의 물을 한 번에 담을 수 없다. 적은 양을 천천히 조금씩 집어넣어야만 물병을 모두 채울 수 있다"(Quintilianus, 1.2.28).

[43] "아들 알렉산드로스가 가장 기초적인 것부터 최고의 철학자인 아리스토텔레스의 지도를 받아야 한다는 것이 아버지 필리포스의 바람 아니었던가, 그게 아니라면 아리스토텔레스가 아이는 처음부터 최고의 교사에게 최고의 교육을 받아야 한다고 생각하여 그런 일을 맡지 않았을까?"(Quintilianus, 1.1.23).

이 축복이라는 것이었다.

> 친애하는 아리스토텔레스여, 우리에게 아들이 태어났소. 신
> 의 축복을 받은 게지요. 이 아이가 당신의 살아생전에 태어
> 나서 얼마나 다행인지 모르겠소. 당신의 가르침을 받는다면
> 이 아이는 장차 고귀한 태생에 걸맞은 명예롭고 부귀한 존
> 재로 성장하겠지요. 그럼, 안녕히(27).[44]

엘리어트가 증언하길, 알렉산드로스는 자기를 세상에 낳아준 아
버지 필리포스만큼이나 그에게 잘삶의 의미와 방도를 일깨워준 아
리스토텔레스를 존경해마지 않았고, 로마의 여러 황제 중에 덕망과
지혜로 이름 높았던 마르쿠스 안토니누스[45]는 그의 문법 선생 프로
쿨루스[46]에게 관직을 제수하는 호의까지 베풀었다. 그만큼 아이는
스승의 공덕을 잊지 않는다는 말일 테다.
　엘리어트는 알렉산드로스와 율리우스 프론티누스[47]의 사제(師弟)

44　필리포스 2세는 아리스토텔레스가 자신의 부탁을 들어주는 조건으로 그
　　의 황폐해진 고향 마을을 재건해주고 주민들을 노예 신분에서 해방해준다
　　고 약속했다.

45　Marcus Antoninus. 5현제(賢帝)의 마지막 황제. 흔히 철인 황제로 불린다.
　　《명상록(Tὰ εἰς ἑαυτόν)》의 저자.

46　Proculus. 문법교사.

47　Julius Fronto.

관계[48]를 암시하며 위에서의 논의를 이어갔다. 프론티누스를 집정관에 임명하고, 원로원에 그의 동상을 건립했다는 식의 이야기였다.

엘리어트는 플루타르코스가 트라야누스[49]황제에게 미친 영향을 암시하면서 타고난 본성에 좋은 가르침과 본보기가 더해지면 최선의 결과를 얻을 수 있다고 주장했다.

학습의 순서와 내용: 열세 살 때까지

엘리어트는 학습의 순서로 회귀했다. 인문주의자답게 고전어부터 시작했다. 여기서도 퀸틸리아누스의 의견[50]이라며 희랍어와 라틴어를 함께 배우거나, 아니면 라틴어보다 방언이 많아 이해하기 어려운 희랍어를 먼저 배우라고 충고했다. 아이는 일곱 살이 되면 희랍어를 배우기 시작하여, 이후 3년 동안 고대 그리스의 저작들을 읽었다. 이때 지나친 문법 공부는 경계했는데 아이의 여린 기지가 쉽게 지칠

---

48 역사적으로 사실 여부가 불투명하다.

49 Trajan. 5현제의 두 번째 황제. 로마 제국의 외연 확장에 앞장섰던 성공적인 군인 황제.

50 Quintilianus, 1,4,1; 1,1,12.

수 있기 때문이다. 라틴어의 경우에는, 아이가 어려서부터 라틴어에 능통한 사람들의 보살핌을 받거나 그런 친구들과 어울리면서 라틴어 사용에 익숙해져야 한다고 주장했다.[51]

엘리어트에게 언어는 수단에 불과했다. 고전어를 공부하는 이유는 고대 그리스와 로마의 문학을 이해하기 위함이었다. 너무 오랫동안 문법서만 부둥켜안고 있다가는 고전 읽기의 즐거움을 영영 알지 못할 것이다.

엘리어트의 계획은 다음과 같다. 우선 아이에게 몇몇 간단한 문법 규칙을 알려준 뒤에 바로 아이소포스[52]의 우화를 희랍어로 읽어주었다. 당연히 아이가 좋아할 만한 짧고 간결한, 그러면서도 교훈 가득한 이야기들이었다. 풍부한 어휘는 아이의 희랍어 공부에 도움을 주었고, 도덕적 지혜는 아이의 인생살이에 보탬이 되었다. 교사는 권선징악을 내용으로 하는 이야기들을 부지런히 한데 모으고, 아이가 책 없이도 그런 이야기들을 쉽게 이해하고 그로부터 중요한 교훈을 얻고 다양한 표현력을 익히도록 기지를 발휘해야 한다.

---

51 퀸틸리아누스의 입장에서는 모국어인 라틴어보다 외국어인 희랍어를 먼저 배우라는 것이 합당한 요구였는지 몰라도, 그것이 16세기 영국 사회에서도 유효한 주장이었는지는 의문이다. 게다가 라틴어 학습의 경우, 엘리어트는 과거 퀸틸리아누스가 모국어 학습법으로 제시했던 것을 그대로 따르고 있다.

52 Aesop. 아이소포스(Αἴσωπος). 고대 그리스의 우화 작가.

다음으로 엘리어트는 루키아노스[53]의 대화집과 아리스토파네스[54]의 희극을 비교했다. 루키아노스의 거침없고 유쾌한 대화집으로부터 무언가 배울 수 있다지만, 그중에 음담패설과 독설로 가득한 글들은 양반가 자제들이 읽기에 적합하지 않았다. 전자가 영혼을 어지럽힌다면, 후자는 점잖지 못한 짓이었다. 그러므로 루키아노스를 읽을 때는 너무 외설적이거나 경멸조의 글들은 피해야 한다.[55] 그로 인한 공백은 아리스토파네스의 희극[56]으로 메울 수 있으리라.

이제 호메로스의 차례다. 엘리어트는 장차 나라를 다스릴 아이들이 호메로스의 양대 서사시를 읽고 지도자에게 필요한 무용(武勇)과 지혜를 갖추고, 만민을 통치할 덕을 기르기를 바랐다. 그 옛날 아리스토텔레스가 알렉산드로스에게 호메로스를 가장 먼저 읽혔던 이유도 다르지 않았으리라.

> 지혜와 학식으로 이름 높았던 당대 최고의 철학자 아리스
> 토텔레스는 알렉산드로스의 가정교사가 되어 달라는 필리
> 포스의 부탁을 받자마자 그의 아들[알렉산드로스]에게 호

---

53 Lucian. 로마제정기 풍자작가.

54 Aristophanes. 고대 그리스의 희극 시인.

55 엘리어트의 입장은 단호했다. "루키아노스의 글을 모조리 읽을 테면 차라리 하나도 읽지 않는 편이 낫다"(30).

56 인간과 사회를 풍자하고 성찰하는 성격이 짙다. 또한, 음보가 규칙적이어서 암송하기 쉽다.

메로스의 양대 서사시부터 읽혔다. 그때의 좋고 유익한 경
험 때문인지 알렉산드로스는 이후 어디를 가든 이 위대한
시인의 작품을 곁에 두고, 잠잘 때도 베개 밑에 넣어두었다
가 한밤중에서 언제든 꺼내 읽었다(30).

엘리어트는 알렉산드로스가 트로이 원정길에 나선 그리스 영웅
들의 이야기[57]를 통해 적에 맞서는 용기와 힘, 지혜, 그리고 군중을
설득하는 언변술을 배웠고, 전쟁이 끝나고 고향으로 돌아오는 오디
세우스의 모험담[58]에서는 인간 군상들의 잡다한 행태를 목도하며
참과 거짓, 선과 악을 식별 수 있는 유덕함에 이르렀다고 부연했다.
그리하여 엘리어트는 교사의 용의주도한 안내를 받는다는 조건으
로, 튜더 잉글랜드의 신사에게 호메로스의 양대 서사시만큼 유익한
것은 없다고 결론지었다.

그리스에 호메로스가 있었다면, 로마에는 베르길리우스[59]가 있었
다. 그의 《아이네이스》[60]는 라틴어로 쓰인 《일리아스》와 《오디세이
아》였다. 두 시인의 이야기는 서로 닮은 구석이 있었고, 하나가 다른
하나를 이해하는 데 도움이 되었다. 엘리어트는 영웅적인 서사에 더

---

57 《일리아스(Iliad)》.

58 《오디세이아(Odyssey)》.

59 Virgil. 고대 로마 최고의 시인.

60 Aeneid. 로마 건국에 대한 장편 서사시.

해 베르길리우스가 다루는 다양한 소재(素材)에 주목했다.

엘리어트는 베르길리우스의 《전원시》[61]와 《농경시》[62]를 예로 들면서 그런 목가적이고 소소한 일상에 매료되지 않을 아이들이 어디 있겠느냐고 자문했다.

또한, 누가 베르길리우스만큼 천체의 움직임에 통달해서 아이들에게 하늘과 땅의 변화를 정확하게 일러줄 수 있을지도 되물었다.

만일 사냥과 운동-레슬링, 달리기-을 즐기고 음악을 좋아하는 아이들이라면, 베르길리우스의 작품 곳곳에서 그와 관련된 유쾌한 장면을 여럿 목격하리라.

그보다 진중한 아이들이라면, 가령 베르길리우스가 《아이네이스》에서 들려주는 경이롭고 강렬한 이야기로부터 여러 도덕적 교훈-권선징악의 가르침, 공익을 앞세우는 지도자의 유덕함, 불의에 맞서 싸우는 용기와 기개 등-을 얻어갈 테다.

엘리어트는 로마의 이름난 저술가들 가운데 베르길리아스를 가장 으뜸으로 여겼다. 그다음은 오비디우스[63]였는데, 그의 작품들[64]

---

61 Bucolics. 목가적인 풍경만 노래한 것이 아니라 당대 로마의 정치, 역사, 경제적 상황도 함께 전해주고 있어 흥미롭다.

62 Georgics. 농사일을 귀하게 여기며 자연에서의 소박한 삶을 예찬하는 글이다.

63 Ovid. 베르길리우스보다 한 세대 젊은 축에 속했던 고대 로마의 시인.

64 다른 시인들의 작품을 이해하려면 꼭 필요했다. 이 점은 엘리어트도 인정했다.

에는 아이들에게 유익한 도덕적 내용이 그리 많지 않아서, 엘리어트는 아이들이 직접 《변신이야기》[65]나 《로마의 축일》[66]을 읽기보다는 교사가 아이들이 알면 좋을 우화나 제전(祭典)을 간추려 소개하는 편이 낫다고 주장했다. 한편 그 자리는 언변 능력이 뛰어나고, 공적인 정신이 충만하고, 기꺼이 덕을 장려하는 다른 시인들의 몫이었다. 엘리어트는 주저 없이 호라티우스[67]를 호명했다. 내용도 문장도 아이들의 학습에 적합하다는 이유에서다.

엘리어트는 호라티우스와 호메로스의 교훈이 서로 겹치는 지점을 가리켰다. 호메로스가 오디세우스의 모험을 통해 노래하는 지혜와 용기였다. 엘리어트는 아이가 베르길리우스와 호메로스의 시작(詩作)을 모방하여 그런 덕목을 배울 수 있다고 생각했지만, 학습을 경시하는 그 시대 영국 귀족들을 의식했는지 고대 로마의 학구적인 제왕들의 사례[68]를 언급했다.

---

65 Metamorphosis. 오비디우스가 들려주는 고대 그리스와 로마의 신화 이야기.

66 De fastis. 아우구스투스 시대의 연간 축제날과 기념일을 월별로 정리해 놓은 책. 그 시대 로마인들의 일상을 엿볼 수 있다.

67 Horace. 고대 로마를 대표하는 서정시인.

68 로마의 황제들은 아우구스투스(Augustus)를 비롯해 거의 모두가 시를 짓고 노래하는데 열심이었다. 엘리어트는 귀족 가문의 아이들이 배움에 힘쓰는 일이 결코 부끄러움이나 헐뜯음의 대상이 아니라고 강조했다.

그밖에도 엘리어트는 실리우스[69]와 루카노스[70]의 서사시를 아이들의 교수요목에 추가했다. 실리우스가 포에니 전쟁의 두 명장, 스키피오와 한니발[71]의 뛰어난 인물됨과 지략을 노래했다면, 루카노스는 로마 내전을 배경으로 카이사르와 폼페이우스[72]의 영웅적 행적을 노래했다.

엘리어트는 잠시 고대 그리스로 회귀했다. 헤시오도스[73]의 농경시[74]가 종착지였는데, 그것을 가리켜 베르길리우스만큼 장황하지 않았고 철학적인 면모도 풍기지 않았지만 흥미로운 이야기들이 많아 아이들에게 훨씬 매혹적이었다고 평가했다.

엘리어트는 아이들이 열세 살 때[75]까지 위에서 말했던 시인들의 작품을 읽어야 한다고 주장했다. 그러나 모든 작품을 정독할 수는 없는 노릇이니 그로부터 유익한 교훈을 얻을 만큼만 읽으면 된다고

---

69 Silius [Italicus]. 로마 공화정 말기와 제정 초기에 활동한 정치인, 서사시인, 문예 애호가.

70 Lucan. 로마제정기 정치인, 서사시인. (小)세네카의 조카.

71 Scipio, Hannibal. 제2차 포에니 전쟁을 노래한 실리우스의 서사시《푸니카(Punica)》.

72 Julius Caesar, Pompey. 루카노스의 역사 서사시《내란기(De Bello Civili, Pharsalia)》.

73 Hesiod. 고대 그리스의 서사시인. 일명 교훈 시인이다.

74 《노동과 나날(εργα και ήμεραι)》.

75 엘리어트는 이 연령대에 아동기가 종료되고, 아이들은 차츰 이성적으로 사고하고 행동하게 된다고 주장했다.

부연했다.

엘리어트는 옛 시인들의 영웅담을 자주 접한 아이는 장차 자기도 그런 용감한 삶을 살고 싶다는 마음을 먹는다고 적었다.

엘리어트는 스파르타의 왕 레오니다스[76]의 일화를 소개했다. 골자는 튀르타이오스[77]의 시가 스파르타 젊은이들에게 전장으로 나아가 조국을 위해 싸우고 죽을 수 있는 불굴의 용기를 심어주었다는 것이었다.

엘리어트는 아이의 호기 어린 마음이 진중한 학습과 오랜 경험을 통해 나날이 굳세질 테고, 그럴 때쯤 고대의 비극 작품들을 읽으며 인간군상의 무도함과 추잡함을 목도하기를 바랐다.

이쯤에서 엘리어트는 아동기의 교육과정에 관한 논의를 마치고 다음 단계로 넘어갔다. 諸학문이 아이를 기다리고 있었다.

---

76 Leonidas. 고대 페르시아 제국의 침공에 맞서 싸운 스파르타의 명장.

77 Tirtaeus. 고대 그리스의 시인. 스파르타 젊은이들의 용맹함과 조국애를 고취하는 시를 지었다.

학습의 순서와 내용: 열네 살 때부터

엘리어트는 아이가 열네 살이 되면 논리학과 수사학을 공부해야한다고 생각했다. 우선 아이는 키케로[78]의 《토피카》[79], 또는 그에 버금가는 아그리콜라[80]의 논고[81]를 교본 삼아 6개월가량 논제를 발견, 분류, 확장, 증명하는 방법을 연습한다. 다음으로 아이는 헤르모게네스[82], 또는 퀸틸리아누스의 안내를 받으며 설득과 협의의 기술을 익힌다. 끝으로 아이는 키케로의 《수사학》[83]을 통해 말하기의 규칙과 체계를 배우고, 에라스무스의 《코피아》[84]로부터 풍성한 어휘를 습득한다.

엘리어트는 이소크라테스의 문장만큼 웅변가 수업에 유익한 것도 없다고 주장했다. 그의 글을 읽다 보면 구절마다 지혜가 묻어나

---

78   Cicero. 로마 공화정 말기의 정치인, 변론가, 문인. 그의 글은 고전 라틴어의 표본으로 간주되었다.

79   Topica. 키케로의 웅변술 교범.

80   Agricola. 15세기 북유럽 최고의 인문주의자.

81   De inventione dialectica. 중세 스콜라주의에 반하여 변증학을 논제 발견의 기술로 이해하였다.

82   Hermogines. 고대 그리스의 수사학자.

83   Partition of rhetoric. 말하기의 규칙과 체계 다섯 가지는 논거 발견술, 논거 배열술, 웅변의 종류, 연기술, 기억술.

84   Copiam Verborum et Rerum. 글쓰기에 관한 수사학 독본.

고, 그러면서도 가독성이 뛰어나고 유쾌했다. 엘리어트는 이소크라테스의 편지글 두 편을 소개했다. 하나는 옛 학생이었던 니코클레스[85]에게 보내는 것이었고, 다른 하나는 사사로이 알고 지내던 데모니쿠스[86]에게 보내는 것이었다. 그 둘 다 서간문의 형태를 빌려 설득의 기술을 전개하는 수사학 논고들이었다. 엘리어트는 아이가 고대 최고의 수사학 교사로부터 말하는 자의 힘을 배울 수 있기를 바랐다.

엘리어트는 고대의 웅변가 중에 데모스테네스[87]와 키케로를 최고로 꼽았다. 키케로가 로마 제국의 여명기에 빼어난 말솜씨로 공공의 선을 설파했던 인물이었다면, 데모스테네스는 아테네가 고대 학문의 중심지로 빛을 발하던 시기에 활동했던 최고의 웅변가였다. 엘리어트는 영국의 지배계급 아이들이 데모스테네스와 키케로의 논고를 읽으면서 수사학의 원칙을 익히고 지혜롭고 유덕한 삶의 방식을 배워야 한다고 충고했다.

엘리어트는 장차 나랏일을 돌볼 아이들이 어려서부터 준비된 웅변가로 성장해야 한다고 생각했다. 나라를 다스리다 보면, 때론 누군가를 설득해야 하고, 때론 대중들 앞에서 일장연설을 해야 하고,

---

85　Nicocles. 고대 파포스 왕국의 마지막 왕.

86　Demonicus. 얼마 전에 아버지가 세상을 떠난 젊은이. 이소크라테스는 고인과 친구 사이였다.

87　Demosthenes. 고대 그리스 최고의 웅변가, 정치가.

때론 외국의 지도자들과 밀담을 진행해야 한다. 이럴 때, 일국의 통치자라면 아무 말이나 두서없이 내뱉어서는 안 된다. 그보다 상황에 따라 그 자리에 꼭 알맞은 말을 할 수 있는 언변 능력을 갖추어야 한다. 엘리어트는 옥타비아누스 황제[88]를 예로 들었다. 그는 원로원이나 로마의 대중들 앞에서 연설할 때면, 항상 미리 정리한 자기 생각을 선보였다.

다음은 역사[89]를 공부할 차례다. 엘리어트는 역사를 공부한답시고 낯설고 잡다한 지명들로 아이의 머리를 가득 채우는 일을 경계했다. 그보다 프톨레마이오스[90]의 도움을 받아 아이는 자기가 사는 지구가 어떤 모습인지 이해해야 한다.

엘리어트는 천지학만큼 재미있고 유익한 공부도 없다고 확신했다. 몇 가지 이유를 들었다. 첫째, 한평생 세상을 떠돌아다녀도 알 수 없는 지구상 곳곳의 땅덩어리, 도시, 바다, 강, 산자락을 단 몇 시간만에 알려줄 수 있다. 둘째, 세계 각지의 다양한 생활방식, 인습, 동식물, 농산물을 배우는 것 자체가 즐거운 일이다. 셋째, 그런 지식을 얻기 위해 미지의 땅까지 멀리 항해하거나 오랫동안 여행하는 수고

---

88   Emperor Octavius. 로마 원로원으로부터 '존엄자'를 뜻하는 아우구스투스라는 칭호를 받으며 초대 황제 자리에 올랐지만, 스스로는 '제1시민'이라 불렀다.

89   '역사'라는 표현을 썼지만, 아래에서의 논의는 지리 공부에 가깝다.

90   Ptolemy. 고대 그리스의 천문학자. 지구중심설을 주장했고, 세계지도를 제작한 지리학자로도 유명하다.

와 위험을 감수할 필요가 없다. 엘리어트는 아이가 집안에서 바깥세상을 경험하기를 바랐다.[91] 엘리어트는 알렉산드로스의 사례를 이야기했다. 알렉산드로스는 자기가 정복하기로 마음먹은 지역이 있다면 그곳을 미리 자세하게 그려 놓고 어느 지점이 위험한 곳이고, 어디로 공격하면 적진을 쉽게 무너뜨릴 수 있는지 부지런히 연구했다고 한다.

마찬가지로 로마인들도 갈리아 땅에서 반란이 일어났을 때 탁자에 지형도를 펼쳐놓고 어느 곳으로 진군해야 적을 쉽게 제압할 수 있는지 궁리했다고 한다.

엘리어트는 키루스[92]나 크라수스[93]처럼 그 반대의 경우는 일일이 거론하지 않았다. 용맹하고 기량이 출중한 장수도 전장의 지리에 어둡다면 패전의 멍에를 뒤집어쓸 수 있다는 점을 언급했을 뿐이다.

이런 이유로[94] 엘리어트는 튜더 잉글랜드의 신사들에게 천지학 공부를 권했다.

---

91 현상계의 지식을 언급했다는 점은 엘리어트가 당대의 편협한 인문주의 사고를 뛰어넘는 것처럼 보이지만, 여전히 '책'을 매개로 '세상'을 이해하려 했다는 점에서 인문적 실학주의의 흔적이 감지된다.

92 Cyrus. 고대 페르시아 제국의 건설자.

93 Crassus. 로마 공화정 말기의 군인이자 정치가. 카이사르, 폼페이우스와 함께 제1차 삼두정을 이끌었다. 로마 역사상 가장 부호로 알려져 있다.

94 재미와 쓸모. 특히 군사적 유용성을 시사했다. 엘리어트가 속한 젠트리 계급이 아직 중세적 의미에서의 '기사'들이었다는 사실을 기억하라.

엘리어트는 아이의 독서목록에 스트라본[95], 솔리누스[96], 멜라[97]와 같은 고대의 지리학자들을 추가했다.

그런 뒤에야 엘리어트는 본격적인 역사 공부로 방향을 선회했다. 엘리어트는 고대 아테네의 정치가이자 철학자 데메트리우스[98]가 프톨레마이오스[99]에게 제왕의 학으로 다른 무엇보다도 역사를 추천했다는 이야기를 통해 16세기 영국의 신사 계급도 역사가 주는 재미, 유익함, 교훈에 귀를 기울이라고 주장했다. 또, 키케로의 화려한 수사를 동원해 역사를 "시대의 증인, 삶의 주인, 기억의 삶, 진리, 등불, 고대의 메신저"(36)로 한껏 치켜세웠다.

엘리어트는 이소크라테스가 니코클레스에게 건넸다는 조언도 소개했다. 즉, 후대에 동상이나 조각상을 남기려거든 단순히 겉모습보다 마음의 형상을 닮은 것을 만들어 세상 사람들이 그것을 보면서

---

95 Strabo. 근동, 아프리카, 이집트 등지를 돌아다니며 각종 인문, 사회, 역사, 지리적인 정보를 취합해 《지리지(Гεωγραφικáεργα)》를 저술했다. 프톨레마이오스와 함께 고대 그리스에서 가장 뛰어난 지리학자였다.

96 Solinus. 로마 제정기 세계 각지의 지리, 자연환경, 생활상 등을 다룬 《세상의 경이(De mirabilibus mundi)》를 편찬했다. 진귀한 내용이 많이 들어 있어 중세 이후 큰 인기를 끌었다.

97 Mela. 고대 로마의 지리학자. 그의 《지리지(De situ orbis)》는 라틴어로 쓰인 최초의 지리학 저서였다.

98 Demetrius Phalareus. 엘리어트는 지혜와 학식이 뛰어났던 인물로 묘사하고 있지만, 역사적으로는 독재와 추방으로 얼룩진 삶을 살았다.

99 Ptolemy. 이집트의 왕.

그의 역사적 과업을 기억할 수 있어야 한다.

엘리어트는 역사 공부를 리비우스[100]로부터 시작하라는 퀸틸리아누스의 충고를 따랐다. 리비우스의 유려한[101] 문장은 말할 것도 없고 그의 역사 서술-로마가 작고 보잘것없는 도시에서 거대한 제국으로 발돋움하는 과정을 보여주는-이 아이의 교육에 유익하기 때문이리라.

엘리어트는 특히 로마 공화정에 대한 리비우스의 서술을 아이의 마음속에 공적인 정신을 불어넣는 것으로 높게 평가했다.

크세노폰[102]의 경우, 엘리어트는 그의 《키루스 교육론》[103]을 불러냈다. 엘리어트는 아이가 키루스의 삶을 반추하며 지도자에게 필요한 행동 규범과 지도력을 배울 수 있으리라 생각했다. 엘리어트는 로마의 명장 스키피오가 크세노폰의 이 책을 전투에 나설 때나 그러지 않을 때나 항상 몸에 지녔다고 귀띔했다.

페르시아에 키루스가 있었다면, 그리스에는 알렉산드로스가 있었다. 엘리어트는 퀸투스 쿠르티우스[104]라는 의심쩍은 역사가를 언급

---

100 Titus Livius. 고대 로마의 역사가. 《로마사(Ab Urbe Condita)》의 저자.

101 "우윳빛의 풍요로운(lactea ubertas)." Quintilianus, *Institutio Oratoria*, 10.1.32.

102 Xenophon. 고대 아테네의 군인, 저술가.

103 Paedia Cyri. The Childhood or Discipline of Cyrus. 고대 페르시아 제국의 건설자인 키루스의 일대기를 다룬 책.

104 Quintus Curtius. 1세기 로마의 역사가. 그가 편찬했다고 알려진 《알렉산

하며 후대의 통치자들이 알렉산드로스의 유덕한 점은 본받고 그의 결함은 반면교사로 삼기를 바랐다.

　로마에는 율리우스 카이사르와 살루스티우스[105]가 있었다. 엘리어트는 그들의 논고가 워낙 함축적인 데다가 당대의 역사와 전투 장면 등을 예리한 필치로 묘사하고 있어서 아이가 당장에 따라 읽기가 어렵다고 생각했다. 아이의 판단력이 어느 정도 무르익어 그런 문제들을 이해할 수 있을 때까지 기다려야만 했다. 엘리어트는 역사 공부의 군사적 효용을 강조했다. 특히 카이사르의 저작[106]을 염두에 두면서, 그 옛날 프랑스, 영국, 독일 땅에서 벌어졌던 각종 전투와 군사작전으로부터 작금에 필요한 교훈을 얻을 수 있으리라 확신했다.[107] 리비우스의 책[108]도 그런 용도로 활용될 수 있으리라.

　엘리어트는 역사책에 들어 있는 다양한 형태의 연설에도 관심을 가졌다. 국가 지도자가 기억해두면 유용한 것들이 많이 있기 때문이

　　드로스 대왕의 역사(Historiae Alexandri Magni)》를 말한다.

105　Salust. 로마 공화정 말기의 역사가. 내전기 카이사르 편에 섰고, 전쟁 관련 논고를 몇 편 저술했다.

106　《갈리아 전기(Commentarii de Bello Gallico)》.

107　엘리어트는 잉글랜드가 아일랜드와 스코틀랜드 땅에서 '야만인'과 벌이는 전투를 상정했다. 일찍이 카이사르가 브리튼 섬의 야만인들과 전쟁을 벌였던 일을 떠올리면 비유가 흥미롭다.

108　《로마사》에 수록된 한니발 전쟁기.

다. 특히 타키투스[109]의 위엄있으면서도 간결한 필치를 칭찬했다.

엘리어트는 역사 공부가 단순한 연대기적 서술을 뛰어넘어 과거로부터 지혜를 얻는 일이라고 생각했다. 우선은 군사적인 것이었다. 튜더 잉글랜드의 충직한 기사로서 엘리어트는 주로 전쟁사에 주목했고 그로부터 각종 교훈을 얻기를 바랐다. 다음은 정치적인 것이었다. 16세 영국의 신흥정치가 집단에 속했던 엘리어트는 국가를 어떤 식으로 통치해야만 하는가에 대한 답을 역사 속 諸국가의 흥망성쇠에서 찾고자 했다.

엘리어트는 장차 국가를 통치할 아이들에게 역사 공부에 매진할 것을 충고하는가 하면, 그 어떤 다른 공부가 그보다 유익할 수 있는지 반문했다.

엘리어트는 아이가 열일곱 살이 되면 철학 공부를 시작하라고 말했다. 젊음의 호기로움에 이성의 재갈을 물리려는 것이었다. 그러나 주된 목적은 아이를 덕으로 안내하는 것이었고, 이를 위해 엘리어트는 도덕 철학에 주목했다. 우선 아이는 아리스토텔레스의《윤리학》[110]을 읽으면서 덕의 개념과 중요성을 배워야만 했다. 이때 엘리어트는 희랍어 강독을 권유했다. 번역본이 원문의 생생한 표현을 저해하거나 저자의 뜻을 잘못 전달할 수 있기 때문이다. 이어 아이는

---

109 Cornelius Tacitus. 로마 제정기의 역사가. 공화정기를 옹호했다. 타고난 글재주로 이름을 떨쳤다.

110 Ethicae.

키케로의《의무론》[111]을 읽으면서 "인간에게 부과된 의무와 인간다운 행동거지"(39)에 익숙해져야만 했다. 그런 뒤에 아이는 다른 무엇보다도 플라톤의 저작[112]을 부지런히 읽어야만 했다. 엘리어트는 아이가 이미 사리 분별을 할 수 있는 나이에 이르렀고 그간의 여러 공부를 통해 철학자들의 언변 체계에 익숙해졌다고 판단했다. 엘리어트는 키케로와 플라톤의 저작들을 가리켜 문체면 문체, 내용이면 내용 어디 하나 흠잡을 데가 없다고 일갈했다. 그러면서 여기에 아리스토텔레스의 저작까지 포함하여 그 셋이면 훌륭한 통치자를 길러내는 데 부족함이 없을 것이라고 단언했다. 한편 엘리어트는 솔로몬[113]의 말과 글[114]도 지혜의 보고라는 점을 잊지 않았다. 아이가 조금 더 나이가 들어야 한다는 단서는 달았지만, 성경에 나오는 모든 역사적 장면들도 읽을 필요가 있다. 물론 다른 부분(신약)도 거룩한 성물이다. 웃사[115]를 반면교사 삼아 경외의 대상으로 삼을지어다. 엘리어트의 교육과정 논의는 그와 동시대를 살았던 에라스무스의《기독교군주교육론》[116]과 함께 끝났다. 그러나 엘리어트의 당부는 계

---

111 De officiis.

112 플라톤의 철학적 대화집을 말한다.

113 Solomon. 고대 이스라엘의 왕. 지혜의 왕으로 알려졌다.

114 Ecclesiastes, Ecclesiasticus. 솔로몬의《전도서》.

115 Uzza. 베레스 웃사. 신의 법궤에 함부로 손을 댔다가 죽임을 당했다.

116 The Institution of a Christian Prince. 에라스무스가 신성로마제국의 황제 카를 5세(Karl V)에게 헌정한 논고. 군주의 덕과 의무를 일반적인 어조로 설

속됐다. 아이들의 교육을 책임지는 교사와 보모에게 주문하길, 아이들은 고기와 술을 탐식하지 말아야 하고 하루에 여덟 시간 이상 잠을 자서도 안 된다. 아이들이 필요 이상으로 먹고 자는 일이 공부에 방해가 되고, 나아가 심신의 건강에도 해롭기 때문이다. 엘리어트는 겔리우스[117]를 인용하며 아이들의 과식, 폭음, 늦잠이 배움을 더디고 느리게 만든다고, 또 인간됨을 망치고 성장을 저해한다고 주장했다. 엘리어트는 갈레노스[118]도 인용하며 아이들이 포도주를 마실 때는 반드시 물을 타고 그것도 목만 축이는 정도여야 한다고 말했다. 그렇지 않으면, 특히나 열이 많은 기질의 아이들은 온몸이 불덩이처럼 달아오를 것이다.

학문의 쇠퇴 원인: 첫 번째

엘리어트는 16세기 영국의 신사 계급이 고대 그리스와 로마의 귀

명했다.

117 Aulus Gellius. 고대 로마의 저술가. 《아티카 야화(Noctes Atticae)》의 저자.
118 Gelen. 로마제국기 그리스 출신의 의학자. 고대 서양 의학을 체계화한 인물. 엘리어트가 《건강지침서(The Castel of Helth)》의 저자였음을 기억하라.

족들보다 학식이 떨어지는 이유로 자만, 탐욕, 부모들의 부주의, 좋은 교사의 부족을 꼽았다.

자만. 엘리어트가 증언하길, 당시 영국의 귀족들에게 학식 있음은 오히려 책망과 조롱의 대상이었다. 그러나 영국의 역사를 찬찬히 되돌아본다면 그들의 태도는 완전히 돌변할 테다. 엘리어트는 정복왕 윌리엄[119]의 아들이자 왕국의 기틀을 마련한 헨리 1세[120]가 학문의 애호가였음을 지적했다. 그리고 그의 삶을 다른 형제들-배움을 경시했던-의 삶과 비교하면서 학문의 이점을 논했다. 먼저, 붉은 왕 윌리엄[121]의 폭정과 방종한 삶을 이야기하며, 그 원인이 학문을 멀리하는 삶에 있었다고 진단했다.

다음으로, 전장에서 뼈가 굵은 노르망디공 로베르[122]가 헨리 1세와의 전투에서 패배한 것을 가리켜 엘리어트는 무용과 전략이 부재해서가 아니라 지혜와 덕이 부족했기 때문이라고 평가했다.

엘리어트는 안토니누스 황제[123]에게 따라붙는 철학자라는 별칭

---

119 William Conqueror. 잉글랜드의 정복자. 영국 노르만 왕가의 시조.

120 King Henry the First. 정복왕 윌리엄의 네 번째 아들. 빈손으로 시작해 지략과 용맹함으로 잉글랜드의 왕위를 차지했다.

121 William Rouse[Rufus]. 정복왕 윌리엄의 세 번째 아들. 아버지로부터 잉글랜드 통치권을 물려받았다.

122 Robert le Courtoise. 정복왕 윌리엄의 첫 번째 아들. 아버지의 노르망디 영주직을 계승했다.

123 *supra*. n.45.

이 학식 있음을 질타하기 위해서가 아니라 최고의 영예로 생각했기 때문이라고 설명했다. 그야말로 플라톤의 철인통치론을 몸소 실천한 인물이었다.

엘리어트는 배움을 멸시하는 자들이 고작 한다는 짓이 양반가 자제들에게 공부와는 담을 쌓고 사냥이나 도박으로 소일하라고 부추기는 것이었다고 비판했다. 이런 자들에게 엘리어트는 마케도니아의 필리포스 대왕의 일화를 들려주고 싶었던 게다. 그는 세상 어떤 것을 수중에 넣는 것보다 아들 알렉산드로스가 철학자 아리스토텔레스와 동시대를 살며 그의 가르침을 받아 현자가 될 수 있음을 기뻐했던 아버지였다.

이런 아버지의 염원 때문일까. 엘리어트는 아들 알렉산드로스가 자주 입에 올렸다는 말을 전했다. 아버지로부터 생명을 얻었다면, 그 생명을 고귀하게 살아가는 법은 아리스토텔레스로부터 배웠다고.

엘리어트는 되묻는다. 누가 테베의 용장 에파미논다스를 비난할 텐가? 그가 학식이 출중한 철학자였다는 이유로 말이다. 누가 카이사르를 나무랄 텐가? 그가 키케로 다음가는 라틴어 논객이었다는 이유로 말이다. 누가 하드리아누스 황제[124]를 질타할 텐가? 그가 고대의 언어와 학문에 조예가 깊어 아테네의 철학자들과 공공연히 토

---

124 Emperor Hadrian. 5현제의 세 번째 황제. 교양과 예술의 애호가. 광활한 로마 제국을 안정적으로 관리했다는 평가를 받는다.

론을 벌였다는 이유로 말이다. 누가 게르마니쿠스[125]를 꾸짖을 텐가? 그가 동시대 시인들에 버금가는 문학적 재기를 지녔다는 이유로 말이다. 그밖에도 엘리어트는 알렉산데르 세베루스[126], 타키투스[127], 아우렐리우스 프로부스[128], 콘스탄티누스, 테오도시우스[129], 샤를마뉴[130]와 같은 이름난 황제들의 삶을 예로 들어 뛰어난 학식이 부끄럼이나 비웃음의 대상이 아니라 칭찬과 경외의 대상임을 강조했다. 엘리어트는 아이들을 인간답게 키우라고 조언했다. 키가 큰 것으로는 나무를, 힘이 센 것으로는 들짐승을, 몸이 유연한 것으로는 물고기를, 소리로는 새의 노래를 능가할 수 없는 것이 인간이라면, 그런 인간에게만 부여된 특별한 능력은 무엇일까. 엘리어트는 인간의 지적인 본성에 주목했다. 그는 철학자 디오게네스[131]를 인용하며 배움이 없는 자를 돌멩이에 비유했다.

---

125 Germanicus. 로마 제정기 장군. 로마의 황위를 물려받을 자리에 있었지만 젊은 나이에 요절했다.

126 Alexander called Severus. 로마 제국 세베루스 왕조의 마지막 황제.

127 Tacitus. 로마 제국의 제38대 황제.

128 Probus Aurelius. 로마 제국의 마지막 임페라토르.

129 Theodosius. 동서 로마 제국을 함께 통치한 마지막 황제.

130 Charles the Great, Charlemagne. 중세 유럽 프랑크 제국의 통치자. 그의 통치기는 궁정 문화가 꽃핀 시대였다.

131 Diogenes. 고대 그리스의 철학자. Διογένης Λαέρτιος, *Βίοι καὶ γνῶμαι τῶν ἐν φιλοσοφίᾳ εὐδοκιμησάντων*, 2.72.

학문의 쇠퇴 원인: 두 번째, 세 번째

탐욕. 엘리어트가 증언하길, 당시 영국의 귀족들은 아이들을 자신들의 영지 밖으로 내보는 일을 꺼렸다. 아직 중세의 혼란이 가시지 않은 튜더 잉글랜드 사회에서 부모의 그늘을 벗어난 아이들은 낯선 곳에서 생명의 위협을 느낄 수 있었다. 그러나 다른 이유도 있었다. 바로 비용 문제였다. 어린 신사들을 멀리 유학 보내려면 돈이 들었다. 그런 까닭에 영지 안에서 알음알음 선생을 구했다. 자식 교육은 아무한테나 맡겨도 되는 시시콜콜한 일인 양 하인을 뽑을 때만큼도 신경을 쓰지 않았다. 가정교사의 학식과 평판은 중요하지 않았다. 얼마나 적은 돈으로 고용할 수 있는지가 관건이었다. 엘리어트는 자녀교육에는 인색한 영국 귀족들이 집안에 요리사나 매사냥꾼을 들일 때는 '전문가' 운운하며 큰돈을 아낌없이 쓴다고 비판했다. 그러면서 재차 디오게네스[132]를 인용하며, 두 명의 하인을 고용할 수 있는 돈으로 한 명의 박식한 가정교사를 구하는 것은 교육을 잘 받은 아들이 수백의 요리사와 매사냥꾼 이상의 가치를 지니기 때문이라고 일갈했다.

부모들의 부주의. 엘리어트가 증언하길, 당시 영국에는 어릴 때

---

132 *Ibid.*

좋은 교육을 받은 귀족이나 신사들이 없지 않았다.[133] 문제는, 그런 자들이 열네 살[134]만 되면 공부를 그만둔다는 것이었다. 이때부터는 영지 안에서 한가로이 소일하거나 군인의 길을 선택하여 학문에서 멀어졌다. 이 대목에서 엘리어트는 부모들의 부주의를 지적했다. 그들은 아이들이 대충 라틴어로 말을 하고 글을 지어 보일 수 있으면 그만이라고 생각했는데, 그것만으로도 영지를 관리하거나 세상으로 나아가 군인 노릇을 하는 데 지장이 없었기 때문이다. 오히려 자기 자식들에게 그 이상의 학식이 왜 필요한지 되물을 거다.

엘리어트의 입장은 그런 아이들이 열네 살이 지나서도 공부를 계속해야 한다는 것이었다. 전술했듯이,[135] 유년기에 습득한 라틴어 지식을 자기 것으로 만드는 노력에 더하여 다양한 자유학예와 철학을 공부하기 시작해야 한다. 이 모든 것의 중심에는 교육받은 사람의 언어로 통용되던 라틴어가 있었다. 라틴어 문장은 단순한 언어 이상의 가치를 지녔다. 지혜를 담은 그릇과 같았다.

엘리어트는 라틴어 학습의 본보기를 고대의 웅변가 교육에서 찾았다. 키케로와 타키투스의 교육받은 사람의 이상으로서의 웅변가

---

133 부모들의 허영심에 따른 보여주기식 공부였다 하더라도, 어쨌든 어려서 좋은 교사의 지도를 받아 라틴어 실력이 출중한 아이들이 존재했다(44).

134 그 시절에는 열네 살이면 이미 어른의 범주(estate of man)에 속했던 모양이다. 아이처럼 공부 따위나 하고 있을 수는 없는 노릇이었다.

135 *supra*, pp. 39ff. 열네 살 이후의 교육과정.

개념[136]을 소개하고, 나아가 고대 그리스의 교양교육[137]의 전통으로 회귀했다. 훌륭한 웅변가는 단지 말만 잘하는 사람이 아니라 지혜롭고 유덕한 사람이라는 주장이었다. 거기에 비하면 그 시대 튜더 잉글랜드에는 고대의 웅변가에 견줄만한 사람이 거의 없었다.[138] 앞에서 말한 부모들의 부주의도 문제였지만, 엘리어트의 지적대로 당시 영국의 많은 학교과 대학에서 독자와 청자에게 아무런 감흥도 주지 못하는 시끄러운 깽깽이 소리만 난무했다. 사람이 언어를 배운답시고 단순히 소리만 낼 것 같으면 앵무새, 까치, 찌르레기와 무엇이 다르겠는가. 게다가 너나 할 것 없이 그런 '소음'을 온갖 미사여구로 치장하는 일에만 열심이다 보니, 주변에 내용은 없고 말만 번지르르한 사이비 웅변가들만 넘쳐났다. 한편 엘리어트는 고대의 시인들을 높이 평가했다. 그들의 시에는 인생을 살아가는 지혜가 담겨 있다고 생각한듯하다. 철학이 지혜를 탐구하는 일이라면, 엘리어트의 주장대로 시야말로 최초의 철학이었다. 플라톤과 아리스토텔레스의 작품들에서 시인들의 권위가 도외시되지 않는 이유였다. 엘리어트는

---

136 '도덕적으로 선하고 말솜씨가 뛰어난 사람(vir bonus dicendi peritus).' 타고난 재능이나 특질은 차치하고라도, 폭넓은 교양교육이 전문적인 훈련과 서로 조화를 이루어야 한다는 의미였다.

137 교양교육(εγκύκλιος παιδεία). 엘리어트는 희랍어 εγκύκλιος에 상응하는 "Encyclopedia"(46)라는 단어를 사용했다.

138 엘리어트의 증언에 따르자면, 왕의 전령 또는 수사법 전문가가 웅변가 행세를 대신했다(46).

시인들이 지혜의 상징이었을 뿐만 아니라 초자연적인 영감과 예언[139]의 화신이었다고 주장했다.[140]

엘리어트는 고대의 시인들을 공부하는 일이 어째서 이로운지 논했다. 이는 시인들의 작품에는 음담패설과 거짓말만 가득하다는 동시대인들의 편견을 바로잡으려는 노력이었다.

먼저, 엘리어트는 호라티우스의 입[141]을 빌려 시인들의 과업을 설명했다.

> 시인은 유쾌한 방식으로
> 아이들의 말문이 트이는 것을 돕는다.
> 그들의 귓가에 상스러운 말은 물리고
> 지혜의 가르침만 전해주며,
> 시기심과 노여움은 잠재운다.
> 그[시인]는 훌륭함을 노래하며
> 가난하고 아픈 자에게는 치유와
> 위로의 말을 건넨다(47).[142]

---

139 vates. 라틴어로 시인을 지칭하는 말. 예언하는 사람을 의미했다.

140 Tusculan Questions. 엘리어트는 키케로의 《투스쿨룸 대화(Tusculanae Disputationes)》를 인용했다.

141 epistles. 호라티우스의 《서간집(Epistularum)》. 엘리어트는 이 책의 2권, 첫 번째 시를 참고했다.

142 Horatius, *Epistularum*, 2.1.118.

엘리어트는 테렌티우스[143]와 같은 희극작가와 오비디우스, 카툴루스[144], 마르티알리스[145]와 같은 서정시인에 '외설적'이라는 꼬리표를 붙이는 그 시대의 무지를 꼬집었다.

엘리어트는 희극을 인생의 거울에 비유했다. 사람들은 거기에 투영된 삶의 추악함-타락한 젊은이, 능글맞은 매춘부와 포주, 거짓말쟁이 하인, 반복되는 불운-을 나무라지만, 엘리어트는 그런 모습을 반면교사로 삼아 교훈을 얻으라고 충고했다. 게다가 희극이라고 조야하고 외설적인 장면만 나오겠는가. 단도직입적으로 선을 권하고 악을 힐난하는 지혜로운 문장들도 수두룩하니, 그로부터 독자들은 '잘삶'의 의미를 되돌아볼 테다.

일례로, 엘리어트는 테렌티우스의 《환관》[146]에 나오는 파르메노[147]의 독백을 소개했다.

이놈이 진짜로 칭찬받을 일은,

우리의 순진한 도련님께

창부들의 참모습을 알려주었다는 게지.

---

143 Terence. 고대 로마의 희극작가, 시인.

144 Catullus. 고대 로마의 서정시인, 연예시의 대가.

145 Martial. 고대 로마의 풍자시인.

146 Eunuchus. 고대 그리스 극작가 메넨드로스(Μένανδρος)의 영향을 많이 받은 작품.

147 Parmeno, Servos. 극중 노예의 이름.

그들이 어떤 존재이고, 어떻게 행동하는지,

그래서 앞으론 그들을 쭉 혐오하도록 만들었어.

밖에서는 온갖 고상하고 예쁜 척을 하다가도

집에만 오면 천하디천한 본성을 드러내는 자들을 말이야

(48).[148]

또, 플라우투스[149]의 《암피트리온》[150]에서는 남편의 용맹함을 한껏 치켜세우는 알크메나[151]의 말을 인용했다.

용맹함을 따라올 것이 없다.

우리의 자유, 건강, 생활, 재산,

우리의 조국, 우리의 가족과 친구,

모든 게 거기에 달려있으니

용맹한 자가 천하를 호령하노라(48).[152]

그리고, 가장 선정적인 시인으로 일컬어지는 오비디우스로부터는

---

148 Terentius, *Eunuchus*, 930.

149 Plautus. 고대 로마의 희극작가.

150 Amphitryon. 그리스 신화에 등장하는 테베의 왕.

151 Alcmena. 암피트리온의 아내.

152 Plautus, *Amphitryon*, 930.

가장 점잖은 구절을 가져왔다.

> 약은 제때 주어야 효험이 있는 법.
>
> 때를 놓치면 백약이 무효다.
>
> 상황은 더욱 나빠질 테다,
>
> 제때 약을 먹지 않는다면.
>
> 그러하니, 아직 치료 가능할 때
>
> 정신 바짝 차리고 내 충고를 따르라(48-49).[153]

마르티알리스의 경우에는, 그의 《경구집》[154]에서 한 소절을 기억해냈다.

> 인생에서 쓴맛을 덜어내려거든,
>
> 그리고 폐부를 찌르는 아픔을 겪지 않으려거든,
>
> 누구에게도 마음을 온전히 주지 마라.
>
> 그러면 기쁨만큼이나 슬픔도 줄어들 테니까(49).[155]

그밖에도 엘리어트는 사람들이 방탕한 자들이라 손가락질하는

---

153 Ovidius, *Remedia Amoris*, 131-136.

154 Epigram.

155 Martialis, *Epigram*, 12.34.

고대의 시인들로부터 인용할 훌륭하고 유쾌한 구절들이 넘고 찬다고 부연했다. 적어도 독자들에게는 고대의 시인들이 그 시대 영국의 극작가들보다 훨씬 매력적인 사람들일 테다.

엘리어트는 고대 희극에 자주 등장하는 상스럽고 잡스러운 장면들을 부정하지는 않았지만, 그런 것들 때문에 작품 자체를 비도덕적인 것으로 매도해서는 안 된다고 주장했다. 설령 좀 눈살 찌푸릴만한 것들이 있다손 치더라도, 그런 것들은 그냥 웃어넘기고 시인이 말하려는 삶의 지혜에 귀를 기울이는 것이 중요하다는 취지였다.

엘리어트는 성경까지 거론했다. 아이들이 너무 어릴 때는 몰라도 어느 정도 자라서 사리 분별을 할 수 있으면 성경의 몇몇 외설적인 부분[156]을 문제 삼아 성경 자체를 읽지 않는 것은 전혀 이치에 맞지 않았다. 마찬가지로 고대의 시인들이 다소 성적으로 문란해 보이는 작품들을 써댔다고 그것들을 하나도 읽지 않는 것은 얼토당토아니하다고 반박했다. 물론 모든 연령대에 적합한 것은 아니겠지만, 적어도 아이들이 철이 들면 그로부터 인생을 살아가는 지혜를 얻는 일을 게을리하지 말아야 할 테다.

엘리어트는 고대의 이름난 웅변가와 시인치고 박식하지 않은 자가 있었는지 되물으며 다시 본연의 주제, 즉 학문의 중요성으로 회귀했다. 골자는 고대인들의 예를 따라 다방면으로 많은 책을 읽으면

---

156 엘리어트가 적시한 부분은 창세기(Genesis), 판관기(Judges), 아가 강론 (Cantica Canticorum), 에제키엘 예언자(Exekiel the Prophet)였다.

서 다양한 지식을 쌓으라는 것이었다. 퀸틸리아누스의 충고라면서, 엘리어트는 고대의 저작들[157]을 하나도 빠짐없이 읽을 기세였다. 그중에서도 특히 도덕 철학을 중시했는데, 인간다움과 잘삶의 의미를 가르쳐주기 때문이리라.

엘리어트는 이미 앞에서[158] 아이들의 연령별 독서목록을 자세히 언급했다.

엘리어트는 설령 아이가 어려서 좋은 교사의 가르침을 받았다 하더라도 그것이 온전히 뿌리를 내리지 못한다면 아무런 열매도 맺지 못할 것이라고 경고했다. 주지하듯, 튜더 잉글랜드의 젊은이들은 열네댓 살이 되면 학문과 담을 쌓았는데, 거기에는 엘리어트 자신도 자유롭지 못했던 하나의 선택지[159]가 있었다.

엘리어트는 그 자신도 법을 공부했지만,[160] 열네댓 살에 아이들이 법을 공부하겠다며 諸학문을 저버리는 세태를 비판했다. 그는 자신의 경험 운운하며 그것이 합리적이지 못한 선택임을 설파했다.

---

157 엘리어트는 기원후 1200년까지 희랍어와 라틴어로 저술된 작품들에 '고대'라는 꼬리표를 붙였다(50).

158 *supra*, pp. 31-48.

159 법률 공부를 말한다. 엘리어트의 경우에는 성공한 법조인이었던 아버지의 영향도 있거니와 순회재판과 같은 지방 영주의 소임도 한몫했다.

160 엘리어트는 런던의 4대 법률전문학교 중 하나였던 미들 템플(Middle Temple)에서 공부했다. 이 시절 모어의 런던 집에서 신학문인 고전학을 어깨너머로 배웠음은 주지한 바와 같다(*supra*, p. 15).

법률 공부의 시기

엘리어트는 법률 공부의 지난함을 토로하며 논의를 시작했다. 아무래도 열네댓 살 젊은이들에게 적합한 공부는 아닌 듯하다.

엘리어트는 재미라고는 눈곱만큼도 없는 법률 공부가 열네댓 살 아이들에게는 무척 곤혹일 테고, 그런 무미건조함을 견디지 못해 중도에 학업을 포기하거나 주색잡기에 여념이 없는 경우가 허다하다고 주장했다. 물론 아무런 감흥도 없이 그 안에 억지로 들러붙어 있다가 겨우 쥐꼬리만한 지식만 얻어 세상에 나오기도 하는데, 그들의 조악한 법률 상식이 아무짝에도 쓸모없다는 것은 말해 무엇하리오. 엘리어트는 당대 법조인들을 싸잡아 비판한 것이 아니었다. 개중에는 유능한 자들도 있고, 그렇지 않은 자들도 있을 테니까. 다만 그의 말대로 법이 이성에 근거한다면, 그것이야말로 다방면으로 뛰어난 지식을 요하는 법이다.

엘리어트는 오로지 법만 공부하는 메마른 작자들도 거론했다. 그야말로 한시도 딴짓하지 않고 주구장창 차가운 법전만 들여다보는 부류인데, 그래서인지 이들에게서는 인간다움이 전혀 느껴지지 않는 거다.

엘리어트는 인간 공통의 본성만 운운할 것이 아니라 개개인의 본성에도 주목하여 그 자신의 본성에 적합한 공부를 하는 것이 중요하다는 키케로의 말을 전했다. 그러면서 얼마나 많은 튜더 잉글랜드의 유능한 아이들이 부모들의 부주의 때문에 자신들의 타고난 재능을 꽃피우지 못하고 시들어가는지 개탄했다. 엘리어트는 회화, 조각, 수예와 같은 예술적 분야를 예로 들어 키케로의 충고가 당시 얼마나 시의적절한 것이었는지 논했다.

엘리어트는 장차 법률가가 되고 싶은 아이들이라면 먼저 충분한 인문학적 소양을 갖춘 뒤에 그들이 어느 정도 나이가 들었을 때 법을 공부하는 것이 좋다고 생각했다. 엘리어트는 구체적으로 스물한 살[161]이 적합하다고 말했다.

엘리어트는 젊은이들이 고전 공부에만 정신이 팔려 공공의 복리와 직결되는 법학과 같은 중요한 공부를 도외시한다는 세간의 우려를 전하면서 세상에는 여전히 여러 가지 이유[162]로 법을 공부하려는 자들이 많이 있고, 작금의 야만스러운 법전 다발과 조악하기 그지없는 법률 용어가 젊은이들의 마음을 법률 공부에서 멀어지게 만드는 것일 뿐, 고대의 빼어난 수사학 논고와 여타 학문이 법학 공부에 방해가 되는 것은 아니라고 힘주어 말했다.

엘리어트는 아무래도 자신의 경험에서 비롯된 것이겠지만 고대

---

161 엘리어트는 1510년 아버지의 권유로 런던의 법률전문학교에 입학했다. 그가 1490년경에 태어났다고 치면, 대략 스물한 살 때였다.

162 엘리어트는 타고난 기질, 학문적 열정, 금전적 이득, 사회적 출세 등을 그 이유로 꼽았다(53).

의 수사학 또는 웅변술만큼 당시 영국에서 법을 공부하는 자들이 법정 공방을 연습할 때 유익한 것도 없다고 주장했다. 의심쩍은 문제를 제기하여 그 경위를 조사하고 증거에 따라 주장과 반박이 오가는 일련의 변론 과정이 고대의 수사학적 논의 전개[163]를 빼닮았기 때문이리라.

엘리어트는 수사학의 모든 단계를 하나씩 거론하며 법을 공부하는 자들에게 고대의 수사학이 어째서 이로운지 부연했다. 그는 타고난 재능, 폭넓은 교양, 수사학 지식을 겸비한 고대의 이상적인 웅변가를 튜더 잉글랜드의 법정 변호사로 소환하고 싶었던 게다. 키케로의 입을 빌려 마르쿠스 안토니우스[164]의 화신이라 할만한 이상적인 웅변가 개념을 소개했다.

> 논리학자들처럼 날카로운 기지를 철학자들처럼 진중한 문장에 담아 시인들처럼 우아하게 표현하고 대중들 못지않은 기억력에 목소리와 몸동작은 희극 배우를 뺨치는 자, 그야말로 웅변가의 전형이라 할만하다(54-55).

---

163 엘리어트는 키케로와 퀸틸리아누스의 용어를 차용했다.

164 Marcus Antonius. 고대 로마의 유명한 웅변가. 여기서는 키케로의 《웅변가론(De Oratore)》에 등장하는 주인공 이름.

엘리어트는 키케로의 《웅변가론》에 등장하는 스카이볼라[165]와 크라수스[166]를 예로 들어 고대에는 법학과 수사학의 동거가 흔한 일이었음을 암시했다. 법학자도 뛰어난 웅변술을 자랑했거니와 법학 지식이 웅변술의 가치를 깎아내리는 것도 아니라는 말이다.

엘리어트는 키케로 다음가는 웅변가였던 술피키우스[167]가 법학에도 조예가 깊었음을 지적했고, 로마법대전[168]을 수놓은 고대의 명망 있는 법학자들-울피아누스[169], 스카이볼라-의 문장이 고대 수사학의 전형이었음을 강조했다.

엘리어트는 키케로가 다방면에 걸친 정확한 지식을 토대로 원로원과 법정에서 중차대한 문제들을 변론하는 일을 꺼리지 않았으며 그런 공적인 행보가 그의 웅변가로서의 명성에 누가 되지도 않았다고 단언했다. 그리고, 타키투스[170]의 말을 인용하며 키케로의 박학다식함-기하학, 음악, 문법, 논리학, 윤리학 등을 아우르는-을 예찬

---

165 Quintus Scaevola. 법학자로 명성이 높았다. 웅변술도 뛰어났다.

166 [Lucius] Crassus. 당대 최고의 웅변가. 제2차 삼두정을 이끌었던 크라수스의 아버지였다.

167 Servus Sulpitius. 키케로와 수사학을 공부했다. 나중에 법학 공부로 전회(轉回)하여 그 시대를 대표하는 법학자가 되었다.

168 Pandectes, Digest. 《학설휘찬》. 고대의 법학 저술들을 시대 순서로 발췌하여 정리한 책으로 로마법대전을 구성하는 학설집.

169 Ulpian. 고대 로마의 법학자. 《학설휘찬》의 상당 부분이 울피아누스의 저서를 인용한 것이다.

170 역사가로 가장 유명하지만, 웅변가이자 법률가였다.

했다.

엘리어트는 키케로의 법률 지식에도 주목했다. 그의 유명한《베레스 반박문》[171]을 예로 들어 키케로가 당대 최고의 법정 연설가였음을 상기시켰다.

엘리어트는 수사학을 비롯해 고대의 여러 학문을 열심히 공부하는 아이들이 유독 법학 공부에만 시큰둥할 리가 없다고 생각했다. 오히려 고대 로마인들이 그러했듯이, 자기 나라의 법령 공부에 관심을 보일 테다.

엘리어트는 튜더 잉글랜드 사회가 고대 그리스와 로마처럼 공공의 복리를 최우선으로 하는 훌륭한 법률가들로 넘쳐나기를 바랐다. 이를 위해 그는 법학 공부에 앞서 고전학을 강조했는데, 단순히 법정에서 말만 번지르르하게 하는 자들이 아니라 덕과 지식을 겸비한 국가의 충성스러운 공복(公僕)을 길러내고 싶었기 때문이리라.

---

171 Actiones again Verres. 시칠리아의 부패한 총독 가이우스 베레스를 기소하는 키케로의 명연설.

학문의 쇠퇴 원인: 네 번째

엘리어트는 얼마나 많은 선량한 튜더 잉글랜드의 아이들이 무지한 학교교사들에 의해 시들어가는지 개탄했다. 물론 어느 시대나 학식이 뛰어난 자들은 있었고 그들의 가르침을 받아 라틴어 실력이 출중한 아이들도 있었다. 문제는, 이런 전도유망한 학생들 대부분이 부모들의 손에 이끌려 학업을 중단하고 궁정에 시종으로 보내지거나 도제 훈련을 받는다는 것이었다. 엘리어트는 학식이 뛰어난 자들이 대접을 받지 못하는 몰상식한 현실을 비판하는가 하면, 그 이면에 놓여 있는 문법교사의 부족 현상을 꼬집었다. 그는 문법교사가 어떤 사람인지부터 설명했다. 당연히 문법을 가르치는 교사이지만, 그렇다고 문법만 가르치는 교사도 아니었다. 엘리어트는 퀸틸리아누스[172]의 권위를 빌려 문법교사는 라틴어를 올바르게 구사할 줄 알고, 고대의 저작들을 제대로 설명할 수 있는 사람이라고 말했다. 이때 고전 해석은 내용의 전개 양상, 저자의 문체와 표현 방식, 단어와 문장의 꾸밈, 본문에 등장하는 모든 소재-인명과 지명을 포함하여-를 자세히 설명하는 광범위한 작업이었다. 당연히 문학, 역사, 언어, 음악, 천문, 철학 등 다방면의 지식이 필요했다.

---

172 Quintilianus, *Institutio Oratoria*, 1.4.2 엘리어트의 인용문은 "recte loquendi scientiam et poetarum enarrationem."

엘리어트가 훌륭한 문법교사가 부족하다고 말했을 때, 그가 고대의 이상적인 기준을 따랐음은 주지한 바와 같다.

엘리어트는 좋은 문법교사가 부족한 원인으로 학교교사의 낮은 평판과 보잘것없는 보수를 지적했다. 지금도 여전히 학식 있는 자들은 찾을 수 있지만, 그들이 위의 두 원인 때문에 아이들을 가르치는 일을 꺼린다는 논리였다. 그래서인지, 당시 학교에는 학식이라곤 눈곱만큼도 없는 작자들이 돈 몇 푼 받으며 교사 자리를 꿰차고 있었다.

엘리어트는 어릴 때 좋은 교사의 가르침을 받는 일이 중요하다고 생각했다. 어려서 나쁜 것을 배우면 나중에 어른이 되어서도 고치기 어렵기 때문이다. 퀸틸리아누스[173]의 경고대로 한번 마음속에 들어온 것을 다시 밖으로 빼내기란 여간 힘든 게 아닐 테고, 티모네우스[174]의 요구대로 엉터리로 배운 아이보다는 차라리 아무것도 모르는 아이가 훨씬 가르치기 쉬운 법일 테니까.

엘리어트는 세상 모두가 아는 이치를 우리의 귀족 양반들만 모르고 있다고 탄식했다. 아니, 돈푼 좀 아끼거나 좋은 선생을 찾아보기 귀찮아서 자식 교육을 아무한테나 떠넘기는 것일지도 모르겠다. 엘리어트는 어릴 때 잘못 배운 것을 바로잡는 데만 족히 6-7년은 걸릴

---

173 *Ibid.*, 1,1,5.

174 Timotheus[of Miletus]. 고대 그리스의 음악가. 유년기에 형성된 나쁜 습관을 비판하면서 그런 아이들을 재교육하는 수고로움을 토로했다.

테고, 그런 불필요한 교정 작업에 시간을 허비하지 않아도 된다면, 아이들은 나중에 그만한 시간을 자신들의 기지를 날카롭게 만드는 좀 더 중요한 학습에 할애할 수 있다고 주장했다.

엘리어트는 튜더 잉글랜드의 귀족들이 지금까지 자신이 비판했던 것과 꼭 반대로 행동한다면, 그래서 고대인의 예를 따라 학문하는 일에 정성을 다하면 자연스레 상황은 호전될 것이라고 확신했다.

운동의 필요성

엘리어트는 쉼 없이 공부만 하면 아이들의 기지가 무뎌지고 소화에도 지장이 생겨 몸이 금방 약해지고 병에 걸려 일찍 죽을 것이라고 경고했다. 이 말인즉슨, 공부하는 틈틈이 운동을 하는 아이들은 건강하고 튼튼하며 생기가 넘친다는 것이리라. 이런 까닭에 엘리어트는 아이들의 몸을 무시하거나 경시하지 않았다. 오히려 아이들의 힘과 담력이 눈에 띄게 증가하는 열네 살부터 그 주제를 본격적으로 다루었다. 엘리어트는 운동에는 여러 종류가 있다고 말했다-어떤 운동은 소화를 돕고, 어떤 운동은 근력을 늘리고, 어떤 운동은 유연성을 배가하고, 어떤 운동은 민첩성을 길러준다는 식이었다. 그는 귀족 아이들을 가르치는 교사에게 그 모든 것을 숙지하고 있다가 상황에 따라 그들의 건강과 필요에 부합하는 운동[175]을 처방하라고 주문했다.

엘리어트는 양반가 자제에게 그의 용모와 풍채를 다잡아주는 운동, 그리고 몸을 단단하고 힘세고 민첩하게 만들어 주는 운동이 필요하다고 주장했다. 그런 운동을 통해 전쟁과 같은 시련이 닥쳐도 자기 자신을 고결하고 용맹하게 지켜내기를 바랐던 게다.

몇 가지 유익한 운동

엘리어트는 한창때 젊은이에게 레슬링만큼 좋은 운동도 없다고 자신했다. 레슬링을 할 때는 힘이 엇비슷하거나 조금 못한 상대를 고르고, 경기장 바닥은 부드러워서 넘어져도 몸에 멍이 들거나 하지 말아야 한다고 귀띔했다.

엘리어트는 달리기의 유익함을 논했다. 그는 테베의 용장 에파미

---

175 그런 것이 주로 옥외 활동들과 관련되었다고 생각했는지, 엘리어트는 옥내에서 가볍게 즐길 수 있는 운동들에 대해서는 갈레노스의 저작을 참고하라고 둘러댔다(60).

논다스-아침에는 달리기와 뜀뛰기로 저녁에는 레슬링으로 체력을 단련했던-를 예로 들어 달리기나 뜀뛰기가 전장에서 얼마나 유용한지 설명했다. 또, 호메로스 시대까지 거슬러 올라가 '발빠른' 아킬레우스까지 소환했다.

엘리어트는 역사적 전례를 추가했다. 알렉산드로스는 어릴 때부터 워낙 달리기를 잘해서 나중에 올림푸스 제전에 참가할 뻔했고, 고대 로마에는 '달음박질하는 사람'을 의미하는 쿠르소르[176]를 자신의 성으로 사용했던 용맹한 장군[177]이 있었고, 나이 팔순이 넘도록 매일같이 젊은이들 틈에서 운동하며 노익장을 과시하던 마리우스[178]도 있었다.

엘리어트는 예나 지금이나 전장에서 매우 쓸모가 있지만, 그것을 배울 때 다소 위험이 따르고 귀족들 사이에서는 오랫동안 인기가 없었던 운동을 하나 소개했다. 바로 수영이었다. 엘리어트는 수영에 회의적인 독자들을 의식했는지 고대 로마를 예로 들었다. 옛 로마인들은 도시 외곽에 있는 광활한 연병장[179]에서 군사훈련을 받는 동시에 인접한 티베르 강에서 몸을 씻고 수영을 배웠다. 이때 어른과 아

---

176 cursor.

177 Papirius Cursor. 로마 공화정 초기의 장군. 제2차 삼나이트 전쟁에서 무공을 세웠다.

178 Gaius Marius. 로마의 집정관을 일곱 차례나 역임했다. 내전기 대중파 지도였다.

179 Campus Martius.

이들뿐만 아니라 군대에서 쓰는 말들도 강에 들어가 헤엄을 치면서 물에 대한 두려움을 없앴다. 엘리어트는 전쟁 중에 자기가 타고 있던 말이 헤엄을 잘 쳐서 살아남은 경우와 그렇지 못한 경우를 언급했다. 그리고, 호라티우스 코클레스[180]의 무용담을 이야기했다. 골자는 로마 시민들에 의해 쫓겨난 타르퀴니우스[181]가 다시 자신의 왕위를 되찾으려고 도시를 공격했을 때 코클레스가 다리[182]를 끊어 적군들을 티베르 강에 수장시키고 자신은 불굴의 의지와 뛰어난 수영 실력으로 살아남아 조국의 노예화를 막았다는 것이다.

엘리어트는 카이사르의 이야기를 전했다. 그는 알렉산드리아 전투에서 적군의 창과 화살을 피해 바닷속으로 뛰어들어 아군 함정까지 한참을 헤엄쳤다.

엘리어트는 로마 내전기 마리우스파 장군으로 명성이 자자했던 세르토리우스[183]의 일화로 넘어갔다. 그는 전투에서 부상당한 몸으로 론강에 뛰어들어 거센 물결을 이겨내며 자신의 진영까지 헤엄쳐 갔단다.

엘리어트는 알렉산드로스가 일찍이 수영을 배우지 못한 자신을

---

180   Horatius Cocles.

181   Tarquin. 로마의 마지막 왕.

182   Sublicius. 로마 왕정기 못을 사용하지 않고 만들었다는 나무 교량.

183   Sertorius. 스페인 사람들 사이에서는 제2의 한니발로 추앙받았다. 그만큼 용맹과 지략이 출중했다.

한탄했다는 인도 원정길을 소개했다. 대군을 이끌고 강을 건너야 했는데 그 자신조차 헤엄을 칠 줄 몰라서 곤란을 겪었다는 이야기다.

엘리어트는 카르타고와의 첫 번째 싸움을 예로 들어 수영의 쓸모를 강조했다. 로마의 젊은이들이 거침없이 바다로 뛰어들어 헤엄을 치면서 도망가는 적들을 육지로 내몰았다면 훨씬 전쟁에서 쉽게 이겼을 것이라는 가정이다.

엘리어트는 인간의 유한성을 자각했다. 그는 언제 어디서 어떤 일이 벌어질지 모르는 위험한 세상에서 인간은 자기 보존에 유익한 것은 무엇이든 배우고 익혀야 한다고 생각했다. 수영도 마찬가지였다. 앞서 말했듯이 전쟁이라는 위급한 상황에서 그만큼 이로운 생존 수단도 없었기 때문이다.

엘리어트는 전투에서 살아남으려면 칼과 도끼를 잘 사용할 줄 알아야 한다고 말했다. 그러나 귀족이라면 자기 지위에 맞게 말타기에도 능숙해야 한다고 조언했다. 높은 말등에 올라탄 모습 자체가 보통 사람들에게는 위엄과 권위의 상징이었고,[184] 나아가 전장에서는 적군을 쫓아 공격할 때도 수세에 몰려 도망칠 때도 그보다 유용한 수단이 없었기 때문이리라.

엘리어트는 전쟁터에서 부케팔로스[185]처럼 명마 한 마리가 한 무리의 군사들보다 유용할 때도 있다고 말했다. 그래서인지 알렉산드

---

184 엘리어트 논의에서 자주 목격되는 계급적 성격.

185 Bucephalus.

로스는 인도의 새로운 정복지에 그의 말의 이름을 딴 도시를 세웠단다.

엘리어트는 카이사르의 명마도 소개했다. 전투에 나가면 사납기와 빠르기로 따라올 놈이 없었고, 앞발굽은 보통 사람의 발만큼이나 큼지막했다고 전해진다.[186]

엘리어트는 서식스의 고색창연한 아룬델 성이 사우샘프턴 백작[187]의 용맹한 말의 이름에서 비롯된 것이라는 다소 미심쩍은 이야기를 뒤로하면서 몇 가지 훈수를 두었다. 이를테면 좋은 말일수록 거칠기 마련이니 망아지 때부터 길들이는 것이 좋다든지, 말타기를 배울 때는 사방에서 등자(鐙子) 없이 말에 뛰어오를 수 있어야 한다든지, 전시에는 무장한 상태로 달리는 말에 자유자재로 올라탈 수 있어야 한다든지 하는 것들이었다.

186　엘리어트는 플리니우스(Plinius)를 인용했다. Plinius, *Naturalis Historia*, 8.64.154-155.

187　Beauvize.

사냥의 변(辯)

엘리어트는 사냥을 쓸모 있는 운동으로 간주했다. 물론 아무 때나 지나치게 사냥에만 탐닉하는 일은 경계했다. 이는 고대인들의 예를 따른 것인데, 그중에서도 사냥을 모의전쟁에 비유한 페르시아의 경우[188]를 염두에 두었다.

엘리어트는 크세노폰의 서술을 참고하여 페르시아 소년들이 사냥을 나가 모의전쟁에 버금가는 훈련을 받는 장면을 한참 묘사했다. 그리고 결론을 내리기를,

> 확실히, 이런 식으로 사냥을 하는 것은 전투를 닮은 구석이 있다. 전장에서 보여주어야 하는 기개와 강인함이, 산과 계곡을 종횡무진으로 누비며 거친 날짐승을 제압하는 모습에 묻어난다. 그 과정에서 몸놀림은 나날이 민첩해지고 동물들의 통로를 추적하며 적을 잡는 계책도 늘어만 간다. 그뿐인가 굶주림과 갈증, 더위와 추위를 참고 이겨내는 것은 전장에서 필수불가결한 자질이다(66-67).

---

[188] 크세노폰의 《키루스 교육론》에서의 논의.

엘리어트는 고대 그리스인들의 사냥 솜씨에 대해서도 칭찬을 아끼지 않았다. 한 예로, 흉포한 멧돼지와 싸운 테세우스[189]의 용맹함을 이야기했다.

엘리어트는 칼리돈의 멧돼지 사냥으로 유명한 멜레아그로스[190]도 잊지 않았다.

엘리어트는 알렉산드로스가 사나운 사자를 제압하는 광경을 보고 스파르타의 대사가 아연실색했다는 이야기도 전했다. 눈앞에서 말로만 듣던 알렉산드로스의 용맹함을 직접 목도했을 테니까.

엘리어트는 로마의 유명한 장군들-폼페이우스와 세르토리우스와 같은-이 평소에는 사자나 표범처럼 사나운 짐승들을 사냥하면서 자기 자신과 병사들의 훈련을 대신했음을 지적했다. 영국 땅에는 고대 지중해 지역만큼 사나운 동물들이 없어서 엘리어트는 튜더 잉글랜드의 신사들에게 널찍한 숲에서 한 무리의 사냥개를 풀어놓고 사슴을 쫓으며 고대인들처럼 창을 던지고 화살을 쏘며 열심히 몸을 놀리라고 충고했다. 엘리어트는 사냥개를 동원한 여우 사냥에도 반대하지는 않았지만, 그보다 활동량이 많은 것을 선호했다. 여우 사냥은 사냥감이 드문 한겨울로 미루라고 속삭였다.

엘리어트는 학구적인 사람이라면, 그래서 전쟁터에 나가 싸울 만큼 담력이 크지 않은 사람이라면, 또 온종일 집안에서만 빈둥거리는

---

189 Theseus. 스파르타의 헤라클레스에 비견되는 아테네 최고의 영웅.
190 Meleager.

귀부인들-햇빛에 얼굴이 좀 타고 바람에 옷매무새가 흐트러지는 것쯤은 감수해야겠지만-이라면, 사냥개 몇 마리를 데리고 토끼 사냥이나 하면서 기분 전환을 하는 것이 제일이라고 주장했다.

엘리어트는 영국의 귀족들이 사슴 사냥을 통해 전쟁터에서 필요한 살상 기술을 간접적으로 익힌다고 생각했다. 그러나 사슴 사냥만큼 유익한 여가활동이자 운동도 없었다고 부연했다.

엘리어트는 매사냥을 가리켜 고대에는 귀족들의 취미 거리가 아니었음을 암시했다. 고대의 관련 문헌도 그다지 없고, 누가 그런 사냥법을 처음 만들어냈는지도 불확실하다며 다소 시큰둥한 모습을 보였다.

엘리어트는 플리니우스의 책을 인용하며 고대 그리스의 트라키아 지방에 있던 매를 이용한 사냥법을 소개했다. 방법은 간단했다. 사람들이 숲속 나무를 흔들어 새들을 공중으로 날려 보내면 하늘을 배회하고 있던 매들이 그놈들을 낚아채서 땅바닥으로 떨어뜨린다. 그러면, 기다리던 사냥꾼들이 먹이 지분을 매와 나누어 가지면서 차츰 매를 길들인다는 식이다. 엘리어트는 매사냥이 재미는 있지만, 다른 사냥들보다 유익한 구석은 없다고 잘라 말했다. 특히 애완용 매가 늘어나면서 식용 가금류가 줄어드는 사회적 문제를 지적했다.

엘리어트는 다시 본연의 주제로 돌아와 매사냥을 적당한 소일거리로만 한다면, 건강에도 나쁠 게 없고 사행성 오락-심신을 피폐하게 만드는-에 빠질 위험도 줄어든다고 가정했다.

엘리어트는 춤으로 화제를 돌렸다. 그는 춤에 대한 호불호가 병존하고, 대부분은 좋게 생각하지 않지만, 그럼에도 위에서 말한 사냥처럼 중용의 덕을 지키면 즐겁고 유익[덕]한 운동이 될 것이라고 확신했다.

춤의 도덕적 기능

[엘리어트는 당시 영국의 신사 계급에 적합한 운동을 소개하면서 그의 서술의 상당 부분-교육 담론 전체의 6분의 1에 해당하는-을 춤이라는 다소 생뚱맞은 주제에 할애했다. 엘리어트에 따르자면, 춤은 그 자체로 운동이자 여가활동이었다. 그러나 그의 주된 관심은 춤의 도덕적 기능에 있었다. 엘리어트는 남녀 아이들이 함께 춤을 추면서 그들의 상반되는 자질들이 두 극단에서 벗어나 서로 조화를 이룬다고 주장했다. 일례로 춤이라는 신체적 움직임을 통해 남성의 과감함은 여성의 수줍음과 결합해 담대함이라는 중용의 덕을 낳는다는 식이었다. 엘리어트는 춤을 일종의 도덕적 운동으로 간주했고, 춤의 여덟 단계를 통해 신중함이라는 교육적 덕목을 어떻게 학습할 수 있는지 설명했다. 여기서 춤을 도덕화하는 엘리어트의 여덟 단계

과정을 일일이 기술할 필요는 없다. 춤이라는 신체적 움직임이 아이의 영혼을 도덕적으로 만드는 학습의 과정이 될 수 있음을 기억하면 된다.][191]

여가활동에 대하여

엘리어트는 오비디우스를 인용하며 인간은 아무것도 하지 않으면 나쁜 짓을 배우게 된다고 주장했다.

> 빈둥거림을 쫓아내면, 큐피드도 힘을 쓰지 못해서,
> 화살은 무뎌지고, 정념은 사그라질 테다(88).[192]

위의 인용문이 암시하듯, 아무 일도 하지 않고 빈둥거리다 보면 감정의 노예가 되기 쉽겠지만, 엘리어트는 자기 일에 열심인 지혜롭고 유덕한 사람들이라면 종종 정신적 또는 육체적으로 움직임이 없

---

191 춤에 대한 상세한 논의는 《가버너》, 1권, 19-25장 참고.

192 Ovidius, *Remedia Amoris*, 139-140.

는 상태[193]에 놓일 필요가 있다고 생각했다.

엘리어트는 나랏일을 보는 틈틈이 정원에 나무를 심고 가꾸면서 기분을 전환했다는 크세르크세스[194]의 일화를 소개했다.

엘리어트는 주색잡기에 혈안이 되어 국정(國政)은 내팽개치고 방구석에만 틀어박혀 지냈다는 사르다나팔루스[195]의 이야기도 전했다. 그런 뒤에 나쁜 여가활동의 예로 주사위 놀이를 지목했다. 엘리어트는 주사위 놀이를 악마[196]의 게임에 비유하며 점잖은 신사들이 할만한 일이 아니라고 잘라 말했다.

엘리어트는 주사위 놀이가 처음에는 그냥 심심풀이로 하는 것이지만, 그러다가 운이 좋아 타인의 재산을 거머쥐면 곧 탐욕에 눈이 멀고, 또 그게 아니라면 반복되는 불운에 화를 참지 못해 신경이 날카로워지고 과식·과음을 일삼고 불면증에 시달리며 점차 나락의 길로 빠질 것이라고 경고했다. 한편 학식 있고, 자기 일에 열심이고, 유덕하고, 생활 습관이 건강한 자들이라면 주사위 놀이처럼 사행성 오락에 빠져 인생을 허비할 리 없다고 확신했다.

엘리어트는 한번 사행성 오락에 빠지면 그로부터 헤어나오기가

---

193 단순한 빈둥거림이 아니라, 잠시 일손을 놓고 쉬면서 기분 전환을 하는 것을 말한다.

194 고대 페르시아 제국의 황제. 키루스 2세의 외손자.

195 아시리아 왕국의 마지막 왕. 호색한으로 유명했다.

196 Lucifer. 기독교에서의 악마이자 타락 천사.

힘들다고 말하면서, 그 시대 얼마나 많은 젊은이가 그런 끔찍한 감옥에 갇혀 온몸에 무지와 고집의 체인을 휘감고 있는지 개탄했다.

엘리어트는 주사위 놀이의 위험을 알고 남용을 경계한 옥타비아누스 황제의 지혜로운 행동을 칭찬했다.

엘리어트는 고대 파르티안 사람들이 아테네의 독재자 데메트리우스[197]에게 황금 주사위를 선물했다는 사실도 환기했다.

엘리어트는 스파르타 사람들이 코린토스 사람들과 동맹을 맺으러 갔다가 코린토스의 제후와 집정관들이 주사위 놀이에 빠져 지내는 것을 보고 마음을 고쳐먹었다는 이야기를 들려주었다. 어찌 보면 코린토스 사람들은 그런 사행성 오락과 이미 동맹 관계에 있었던 게다.

엘리어트는 주사위 노름꾼에 불신, 방종, 허영, 태만이라는 수식어를 붙였다. 또, 주변의 많은 신사 양반과 돈푼 있는 상인들이 주사위 노름에 빠져 가산을 모두 탕진하고 제명에 살고 죽지 못함을 지적했다.

엘리어트는 카드놀이와 테이블 게임에 대해서는 다소 누그러진 태도를 보였다. 상대가 있는 시합이다 보니 주사위 놀이보다 어떤 식으로든 머리를 좀 더 굴려야 하고, 그만큼 운에 좌우되는 경우도 적었기 때문이리라. 그러나 여전히 칭찬할만한 여가활동도 운동도

---

197 *supra*, p. 43(n.98). 고대 아테네의 정치가, 철학자. 아테네에서 독재정치를 자행하다 쫓겨났다.

아니었다. 약간의 기분 전환에 도움이 될 뿐이었다.

엘리어트는 몸을 움직이지 않는 게임들을 여가활동으로 마뜩잖게 생각했다. 유일하게 체스만 예외였다. 아마도 머리를 많이 쓰는 지략 게임이어서 아이들의 기지는 날카로워지고 기억력은 생생해진다고 믿었던 모양이다. 앞의 춤에 대한 논의처럼, 엘리어트는 체스의 도덕화 기능까지 염두에 두었지만, 그 시절 체스 한판 두면서 덕·지혜 운운하는 사람도 없었거니와 그런 것을 알려주는 교본도 상용화되지 않았다.

활쏘기의 이점

엘리어트는 인간이 세상에 태어난 것이 놀이와 여흥을 위한 것이 아니라는 키케로의 말[198]을 교훈 삼아 다시 유익한 운동에 대한 논의로 돌아왔다.[199]

---

198 Cicero, *Officiis*, 1.29.103.

199 앞서 엘리어트는 몇 가지 유익한 운동(레슬링, 달리기, 수영)에 대해 이야기했다(*supra*, pp. 69ff). 그런 뒤에 잠시 사냥, 춤, 놀이, 게임 등으로 외도했다가 다시 본래의 주제로 돌아왔다.

엘리어트는 갈레노스[200]의 권위에 의존해, 어떤 운동은 근력 강화에 좋고, 어떤 운동은 민첩성에 좋고, 어떤 운동은 유연성에 좋다는 식의 논의를 되풀이했다.[201]

엘리어트는 갈레노스의 또 다른 충고를 따랐다. 운동하는 사람은 자신의 상태에 따라 운동의 강도를 높이거나 낮추어야 하는데, 그런 조절 작용 없이 어느 한 극단으로 치달으면 재미도 효과도 모두 사라진다는 가르침이었다. 엘리어트는 그 시대 영국에서 이런 중용의 정신에 가장 잘 부합하는 운동이 무엇인지 고민했다.

엘리어트의 결론은 활쏘기[202]였다. 이유는 간단했다. 궁수는 자신의 힘에 알맞게 시위를 당겨 활을 쏘면서 그의 어깨, 팔, 상체 근육을 적당히 단련할 수 있기 때문이다. 만일 큼지막한 활을 사용한다면 그만큼 운동의 강도도 높아질 것이다.

엘리어트는 궁수가 활을 쏘고 난 뒤에 과녁까지 자기에게 맞는 속도대로 걸어가면서 다리와 하체 근육도 단련할 수 있다고 주장했다.

엘리어트는 과녁까지 한걸음에 달려가는 사람도 있을 테고, 또 천천히 걸어가는 사람도 있을 텐데, 그런 운동의 강도는 어디까지나 궁수 개인의 상태에 따른 것일 뿐, 호불호를 가릴 문제는 아니라고

---

200   *supra*, p. 48(n.118).

201   *supra*, p. 68.

202   shooting in the long bow.

말했다.

엘리어트는 테니스[203]처럼 상대방이 있는 운동이 혼자 하는 활쏘기보다 과격한 구석이 있다고 생각했다. 자신의 속도[리듬]대로 움직이는 자유가 없었기 때문인데, 이를테면 저쪽에서 강하게 공을 치면, 이쪽에서도 강하게 공을 쳐서 넘겨야 하고, 그러다 보면 자기 의지와는 상관없이 무리하게 힘을 가할 수밖에 없었다.

엘리어트는 공, 원반, 핀, 고리 등을 이용한 놀이는 귀족들에게 어울리지 않는 운동이라고 말했다. 그리고 축구에 대해서는, 너무 격정적이고 폭력적인 운동이어서 몸은 다치기 쉽고 마음에는 감정의 골이 깊어지기 마련이라고 평가절하했다.

엘리어트는 원반던지기처럼 운동량이 너무 적어도 문제고, 그렇다고 볼링처럼 너무 힘을 쥐어짜서 팔근육에 무리를 주어도 문제라고 생각했다. 너무 과격한 운동은 몸에 통증을 유발하고 근력과 유연성을 해친다는 주장이었다. 그럼 활쏘기는 어떠한가? 궁수가 자기 역량에 맞게 활시위만 당긴다면 그에 걸맞은 운동 효과를 볼 수 있는 운동이었다.

엘리어트는 중용의 덕 못지않게 그 실천적 쓸모 때문이라도 활쏘기를 권장했다. 엘리어트는 활쏘기의 유익함을 두 가지로 정리했다.

---

203 넓은 장소가 필요해서 자주 할 수는 없지만, 젊은이들에게 좋은 운동이기는 하다(92).

우선 전장에서의 쓸모였다. 예나 지금이나 장궁(長弓)[204]은 전쟁터에서 유용한 무기였다. 엘리어트는 리처드 1세[205]와 에드워드 1세[206]의 삶을 예로 들어 그들의 뛰어난 활쏘기 실력이 자국 방어와 외국 원정 모두에서 빛을 발했다고 평가했다.

엘리어트는 그 시대 궁술의 쇠퇴를 염려했다. 위에서 말한 잉글랜드 왕들의 보국 정신은 이미 사라진 지 오래였다. 엘리어트는 영국의 활쏘기 전통을 되살리는 차원에서라도 국가의 안위를 우선하는 공공의 법과 질서를 회복할 필요가 있다고 주장했다. 그러나 이 주제는 추후 다시 논의하기로 하고, 다시 활쏘기의 유익함으로 돌아왔다. 이번에는 사냥터에서의 쓸모에 주목했다. 장궁을 사용하면 사슴, 야생 조류 등 사냥감을 재빠르게 포획할 수 있다는 것이다.

엘리어트는 영국인들의 활쏘기 실력에 대해 자부심이 대단했다. 특히 장궁에 대한 애착이 컸다. 나중에 외국에서 가져온 석궁이나 화승총과 달리 '영국적인 것'이었기 때문이기도 하고, 실제 기능적인 측면에서도 여러 장점이 있었다고 부연했다.

엘리어트는 활쏘기를 최고의 운동이자 여가활동으로 치켜세우면서 이 주제에 대한 논의를 마쳤다.

---

204 long bow. 영국 웨일스 지방에서 처음으로 사용했다고 전해진다.

205 Richard the First. 사자왕 리처드. 십자군 원정의 영웅.

206 Edward the First. 웨일스를 통합하고 스코틀랜드를 점령하여 잉글랜드 왕국의 외연을 넓혔다.

해제*

I

튜더 잉글랜드는 위로부터는 전제적인 성격을, 아래로부터는 자치적인 성격을 가지고 있었다.[1] 여기에는 기존의 대귀족과 성직자 계층을 견제하면서 왕권을 다지려는 튜더 왕조의 정치적 의도가 있었다. 내전의 혼란 속에서 권력을 잡은 튜더 왕가는 그들의 왕위를 지키고 강화하기 위해 구세력층을 멀리하고 신흥 세력들인 지방의 소지주와 기사계급 그리고 도시의 상인들과 법률가 집단을 새롭게 정치세력화했다. 그 과정에서 왕은 이들 '새로운 사람들'과 정치적인 의존 관계를 맺고, 정략적 차원에서 그들의 지방에서의 자치와 중앙에서의 관료화를 용인했다.

엘리어트는 지방 젠트리 출신의 법률가로서 '새로운 사람들'에 속

---

* 이하는 김성훈, 《영국의 교육사상가들》(서울: 문음사, 2010), 14-36 쪽을 조금 수정하여 전재(轉載)한 것임.

1 S. T. Bindoff, *Tudor England* (Harmondsworth: Penguin Books, 1951), p. 56.

했다. 튜더 왕조가 진행한 정치개혁의 수혜자였던 엘리어트는 1531년에 통치자 교육에 관한 책을 한 권 출판했다. 엘리어트는 그의 책을 '가버너'라 이름 붙였다. 엘리어트는 16세기 전반기의 영국 사회에서 새롭게 부상하는 통치자 계층을 염두에 두면서 사회개혁을 위한 교육의 중요성에 주목했다. 특히 그는 지배계층 아이들의 지적·도덕적 교육에 관심이 있었다.

엘리어트는《가버너》의 서문에서 "이 책이 국가의 지배계급에 속한 사람들의 교육을 다룬다는 점에서 나는 그것을 '가버너'라 부른다"고 말했다.[2] 엘리어트의 목적은 장차 국가를 책임질 유능하고 믿을만한 지배계층을 교육을 통해 길러내는 것이었다. 그러나 엘리어트가 살던 시대의 상황은 그의 목적, 즉 영국의 지배층 자녀들의 교육과 도덕적 완성에 우호적이지 못했다. 프리츠 카스파리의 지적대로 16세기 전반기의 영국 사회에서 귀족 계급은 주로 "투박하고 교양 없는 지방의 젠트리 집단"으로 그들은 고대의 귀족들과 달리 학식과 지혜에 부정적인 태도를 보였기 때문이다.[3] 따라서 엘리어트는《가버너》의 1권, 4장에서 27장까지 영국 귀족들의 교육을 다루면서 먼저 그 시대 학문의 쇠퇴를 비판한 다음, 그 대안을 논의했다.

---

2 Thomas Elyot, *The Book named The Governor*, ed. Stanford Lehmberg (London: Dent, 1962), p. xiii.

3 Fritz Caspari, *Humanism and the Social Order in Tudor England* (New York: Teachers College Press, 1968), p. 150.

II

엘리어트는 튜더 시대의 영국 귀족들이 그들의 자녀교육을 경시하고 있다고 비판했다. 그는 그 이유를 "부모들의 자만, 탐욕, 소홀함"에서 찾았다. 그리고 "좋은 교사의 부족"을 언급했다.[4]

우선 엘리어트는 고대인들과 비교해 보았을 때 영국의 귀족들이 배움을 천시하는 '자만'에 빠져있다고 생각했다. 존 스켈턴이 노래했듯이 "귀족으로 태어난 자들은 배움을 수치스러운 것"으로 간주해야 했는데, 배움은 단지 서기(書記)에게나 필요한 저급한 것이었기 때문이다.[5] 실제로 튜더 잉글랜드의 한 귀족은 배움이 있는 자를 멍청한 비렁뱅이로 멸시하면서 "좋은 집안에서 태어난 아이들은 멋지게 사냥을 하거나 우아하게 매를 훈련시키면서 소일해야지 공부 같은 시골뜨기 촌놈들한테나 어울리는 일을 해서는 안 된다"고 증언했다.[6] 자연스러운 결과는 장차 영국의 지배자들로 자라나야 할 아이들이 배움과 학식으로부터 멀어지는 것이었다.

---

4 Elyot, *The Governor*, p. 40.

5 John Skelton, *Poetical Works*, ed. A. Dyce (London: 1843), 1, p. 334, quoted in J. H. Hexter, "The Education of the Aristocracy in the Renaissance," *The Journal of Modern History*, 22 (March 1950), p. 2.

6 J. H. Hexter, "The Education of the Aristocracy in the Renaissance," *The Journal of Modern History*, 22, 1 (1950), p. 2.

그들[부모들]의 배움에 대한 경시가 도를 넘었기 때문에 귀
족 가문의 아이들은 배움을 전혀 또는 거의 경험할 수 없었
다. 그들은 대부분 젊은 시절을 들짐승과 매를 사냥하는 일
과 같은 옥외활동으로 허비했다. 그러고도 시간이 남으면
… 주사위 놀이를 하거나 아니면 다른 불건전한 게임을 하
면서 빈둥거렸는데, 그 안에는 도덕적 타락이 숨겨져 있었
다.[7]

같은 맥락에서 엘리어트와 동시대를 살았고 그와 친분이 있었던
토마스 모어는 "나는 오늘날 부와 권세를 지닌 사람들이 다른 잡다
한 일에 신경을 쓰느라 학문하는 일에 소홀함을 잘 알고 있다. 그들
은 단지 하루를 사냥개와 매와 말과 함께 사냥터에서 보내면서 허비
할 뿐이다"라고 말하면서 영국 귀족들의 무지와 배움에 대한 부정적
인 태도를 비판했다.[8]

다음으로 엘리어트는 튜더 잉글랜드의 귀족들이 보여주는 자녀
교육에 대한 무관심이 그들의 '탐욕'과 어느 정도 관련이 있다고 생
각했다. 당시 영국의 귀족들은 아이들의 교육을 그들의 영지 안에서

---

7   Elyot, *The Governor*, pp. 41-42.

8   Elizabeth Rogers, ed., *The Correspondence of Sir Thomas More*
(Princeton: Princeton University Press, 1947), pp. 404-405. 다른 동시대 진술은
Hexter, "The Education of the Aristocracy in the Renaissance," p. 2 참
조.

하고자 했다. 아직 중세의 흔적이 남아있던 16세기 전반기의 영국 사회에서 지방에 영지를 소유한 귀족들은 그들의 아이들을 '교육'이라는 이름하에 영지 밖의 다른 세상으로 내보내는 일이 위험하다고 판단했다. 그런데 그들이 아이들의 교육을 그들의 영지 안에서 하려는 것은 아이들의 안전 외에 다른 중요한 이유가 있었다.

> [아이들이] 집에서 또는 인근 마을에서 다른 집안의 아이들이나 친구들과 함께 교육을 받을 때 돈이 적게 든다. 교사가 학식이 뛰어난 사람인지, 아니면 무지한 사람인지에 대해서는 관심이 없다. 그들[부모들]은 가능한 적은 돈에 고용할 수 있는 교사를 찾을 뿐이다. 그들에게 교사가 훌륭한 사람인지는 중요하지 않았다.[9]

위의 인용문에서 엘리어트는 영국의 귀족들이 돈을 아끼기 위해 아이들을 "좋은, 그러나 비용이 많이 드는 학교"로 보내지 않고, 그들의 교육을 도덕적으로 그리고 지적으로 유능한 교사에게 맡기지 않는다고 비판했다.[10] 그런데 흥미로운 것은 자녀교육을 위해서는 '지갑'을 여는데 인색한 귀족들이 솜씨 좋은 요리사와 매사냥꾼

---

9 Elyot, *The Governor*, p. 43.

10 Stanford Lehmberg, *Sir Thomas Elyot Tudor Humanist* (Austin: University of Texas Press, 1960), p. 53.

을 위해서는 기꺼이 돈을 쓰려 한다는 것이었다. 그 결과 엘리어트는 영국의 귀족들이 아이들의 교육을 능력 있는 전문가가 아닌 무지한 노예나 야만인 또는 신분이 불안정한 떠돌이에게 맡긴다고 주장했다.

엘리어트가 《가버너》에서 튜더 잉글랜드의 귀족들이 경제적인 이유에서 유능한 가정교사를 고용하는 일을 꺼린다고 말했을 때, 그의 지적은 단지 영국의 귀족들에게만 국한되는 것이 아니었다. 왜냐하면, 국적 없는 세계인이었던 에라스무스는 그의 《아동교육론》에서 유흥거리에는 돈을 잘 쓰면서 자식교육에는 극도로 인색한 귀족들의 일반적인 행태를 풍자하고 있기 때문이다.

> 어느 풍자가가 말했듯이 아버지는 아들에게 돈을 가장 적게 쓴다. 여기서 크라테스의 일기장에 적혀 있는 다음의 문구를 인용하는 것은 적절할 테다. "요리사에게 10므나, 주치의에 1드라크마, 아첨꾼에 5탈런트, 좋은 충고를 해주는 사람에게 고맙다는 말, 매춘부에게 1탈런트, 그리고 마지막으로 집에 기거하는 철학자에게 3페니를 각각 건넨다." 이 엉뚱한 기술 속에 단지 한 항목이 빠져있는데, 그것은 말하자면 아들의 선생에게 1페니를 준다는 것이다.[11]

11 Desiderius Erasmus, "A Declamation on the Subject of Early Liberal Education for Children," ed. J. K. Sowards, *Collected Works of Erasmus*

설령 귀족 집안의 부모들이 자녀교육에 관심이 있다 하더라도, 그들에게 교육은 아버지의 '지붕' 아래에서 주변에서 쉽게(즉 값싸게) 구할 수 있는 가정교사를 통해 아이들에게 라틴어를 읽고 쓰는 법을 가르치는 일이었다. 그나마 아이들이 열네 살이 되면 교육은 모두 끝이 났다. 이제 아이들은 문법을 어느 정도 알고, 말을 조금 할 수 있으며, 글을 띄엄띄엄 쓸 수 있다. 부모들은 이 정도의 학습에 만족했는데, 엘리어트는 그 이유를 다음과 같이 설명했다.

> 부모들은 … 아이들이 라틴어로 적당히 말을 하고, 대충 문장을 지어 보일 수 있으면 된다고 생각했다. 그들이 영지에서 한가하게 살아가는데, 또는 궁정에서 생활하는데 기본적인 라틴어 지식만 있으면 충분했기 때문이다. 이러한 이유에서 그들은 쓸모 있는 것을 배우고 익히지 않았다.[12]

물론 엘리어트는 귀족 가문의 아이들이 열네다섯 살이 되면 법률을 공부하기 시작한다는 사실을 잘 알고 있었다. 그러나 엘리어트와 같은 인문주의자들에게 교육은 어디까지나 고대 그리스와 로마의 언어와 문학을 공부하는 것이었다. 이러한 관점에서 엘리어트가 '열네 살이 되면 교육은 모두 끝이 난다'라고 말했을 때 그는 튜더 잉글

(Toronto: University of Toronto Press, 1974), 26, pp. 313-314.

12   Elyot, *The Governor*, p. 44.

랜드 사회에서 귀족들의 교육에 대한 방만한 태도, 즉 '소홀함'을 묘사하는 동시에 고전학 공부의 가치를 이해하지 못한 채 아이들을 서둘러 법률학교에 보내는 그의 시대의 잘못된 교육 관습을 비판하는 것이었다.

끝으로, 엘리어트는 튜더 잉글랜드에 좋은 교사가 많지 않다는 사실을 지적했다. 그는 "오늘날 얼마나 많은 아이의 훌륭하고 깨끗한 영혼이 무지한 학교교사들에 의해 짓밟히고 있는가!"라고 탄식하고 있다.[13] 여기서 학교교사는 문법교사를 지칭한다. 그러나 엘리어트에게 문법교사는 단순히 '언어'를 가르치는 교사가 아니었다. 오히려 엘리어트는 퀸틸리아누스의 권위에 의존해 문법교사를 고대 그리스와 로마의 문학을 비롯해 역사, 수사, 음악, 철학 등을 함께 가르치는 교사로 보았다.[14] 그렇다면 엘리어트가 아이들의 교육을 책임질 유능한 교사가 부족하다고 말했을 때 그의 말은 문법, 회화, 작문 등을 가르치는 교사가 부족하다는 것이 아닌 다양한 학문적 지식을 갖춘 교양 있는 교사가 부족하다는 것을 의미했다.

---

13   *Ibid.*, p. 57.

14   Quintilian, *Institutio Oratoria*, trans. H. E. Butler (Cambridge: Harvard University Press, 1996), 1, pp. 47, 63, 65. 여기서 퀸틸리아누스는 문법교사가 담당해야 할 일을 자세하게 설명했다.

III

엘리어트는 튜더 사회에서 학습의 타락을 가져온 몇 가지 원인을 밝힌 후, 그것들과 반대로 행동하면 교육이 개선될 수 있다고 주장했다. 이러한 동의반복적인 처방에 따르자면 엘리어트가 《가버너》에서 제안하는 교육개혁론은 다음의 세 가지 명제로 정리될 수 있다.

첫째, 영국의 귀족들은 학식을 서기에게나 필요한 저급한 것으로 간주하는 '자만'에서 벗어나야 한다. 이를 위해 엘리어트는 헨리 1세가 지혜로운 서기로 공공연히 불렸다는 역사적 선례를 들면서, 또 고대 로마의 안토니누스 황제가 철학자였다는 사실을 언급하면서 영국의 귀족들이 배움을 통해 지식과 지혜를 연마하는 것이 책망받을 일이 아님을 강조했다. 오히려 엘리어트는 학식과 덕망이 높았던 고대의 여러 위인의 이름을 열거하면서 학습이 영예로운 일임을 주장했다.

> 누가 테베의 용장 에파미논다스의 학식과 철인으로서의 자질을 비난할 것인가? 누가 율리우스 카이사르의 웅변술이 키케로 다음으로 가장 훌륭했다는 사실을 비난할 것인가? 누가 하드리아누스 황제의 광범위한 희랍어, 라틴어, 자유

학예에 관한 지식을, 그리고 그가 지식 세계의 중심지였던 아테네에서 다른 권위 있는 철학자들과 수사학자들과 벌인 장시간의 성공적인 논쟁을 비난할 것인가? … 누가 게르마니쿠스의 학식이 동시대의 다른 시인들의 학식과 견주어 손색이 없었다는 점을 비난할 것인가? … 끝으로 우리는 귀족들의 뛰어난 학식이 비난이 아닌 칭송의 대상이라는 사실을 알렉산데르 세베루스, 타키투스, 아우렐리우스 프로부스, 콘스탄티누스, 테오도시우스, 그리고 샤를마뉴 대제의 삶을 통해 잘 알 수 있다.[15]

위의 인용문에서 엘리어트는 영국의 귀족들이 고대인들의 예를 따라 배움을 칭송하고 교육에 관심을 가질 것을 주장했다. 그러면서 그는 귀족 가문의 아이들이 그들의 몸을 잘 움직이고 쾌락을 느끼는 데 만족하지 말고, 그들의 마음을 인간답게 만들기 위해 노력해야 한다고 충고했다. 엘리어트의 목적은 영국의 지배계층 아이들이 그들의 기지를 부지런히 단련해, 철학자 디오게네스가 재치 있게 말했듯이 "극장 관중석에 나란히 놓여있는 돌멩이들"처럼 살아가지 않는 것이었다.[16]

---

15 Elyot, *The Governor*, p. 42.
16 Erasmus, *On Education for Children*, p. 304; Elyot, *The Governor*, p. 43.

둘째, 영국의 귀족들은 자녀교육에 있어서 돈을 아끼려는 '탐욕'에서 벗어나야 한다. 엘리어트는 아킬레우스의 교육을 포이닉스에 맡긴 펠레우스나 알렉산드로스의 교육을 아리스토텔레스에게 맡긴 필리포스의 경우처럼 영국의 귀족들이 아이들의 교육을 책임질 훌륭한 교사를 찾기 위해 비용과 수고를 아껴서는 안 된다고 주장했다. 아이들의 선천적인 능력, 성향, 기질 등은 후천적인 학습을 통해 완성되어야 하며, 좋은 교육을 위해서는 "지혜롭고 영리한 정원사"에 비유되는 교사가 있어야만 하기 때문이다.[17]

엘리어트는 좋은 교사의 조건으로 우선 도덕적 자질을 꼽았다. 모방력과 수용력이 강한 유년기의 아이들에게 잘못된 관습과 범례는 그들의 도덕적 타락으로 이어지기 쉽기 때문이다. 이러한 관점에서 엘리어트는 아이들의 교육을 책임질 교사는 학식과 도덕성을 겸비해야 한다고 주장했다. 엘리어트가 제안하는 좋은 교사의 다른 조건은 가르치는 방법에 관한 것이었다. 그의 주장에 따르면 지혜로운 교사는 먼저 그의 학생의 본성을 잘 파악해야 한다. 교사가 그의 학생의 성향, 적성, 능력 등을 고려했을 때 교육은 성공할 가능성이 크기 때문이다. 다음으로 신중한 교사는 학습과 놀이의 조화를 추구해야 한다. 그는 계속되는 학습으로 지친 그의 학생의 영혼에 음악, 회화, 조각 등의 여가활동을 통해 휴식을 제공해야 한다. 한편 유능한

---

17 Elyot, *The Governor*, p. 15. 엘리어트는 귀족 가문의 아이를 교육하는 방법을 값비싼 식물을 재배하는 방식에 비유했다.

교사는 칭찬, 격려, 유인과 같은 온화한 교육방법을 사용해야 한다. 엘리어트는 당시 성행하던 "무의미한 학습과 보복적인 처벌"에 반대했고, 나아가 귀족 가문의 아이들을 폭력적이고 강압적인 방법으로 교육하는 일이 부적절하고 불필요하다는 퀸틸리아누스의 충고를 받아들였다.[18]

끝으로 셋째, 영국의 귀족들은 자녀교육에 대한 느슨한 태도, 즉 '소홀함'에서 벗어나야 한다. 엘리어트는 주위의 관행에 맞서 아이들의 교육을 열네 살 이후에도 계속 진행해야 한다고 주장했다. 아이들의 교육이 부모들의 무지나 무관심 때문에 중간에 끝이 난다면 그들이 유년기에 받았던 좋은 교육은 모두 쓸모없어지기 때문이다.[19] 따라서 엘리어트는 "귀족 가문의 아이들이 스물한 살이 될 때까지 자유학예를 지속적으로 공부해야 한다"고 주장했다.[20] 그러면서 그는 아이들이 열네 살이 되면 논리, 수사, 역사, 지리 등을 학습

---

18 James Bowen, *A History of Western Education* (London: Methuen, 1975), 2, p. 400. 퀸틸리아누스는 다음의 몇 가지 이유에서 매질을 반대했다. 첫째, 매질은 노예들에게나 어울리는 명예롭지 못한 방법이다. 둘째, 매질은 잘못을 교정하기보다 고착시킬 가능성이 크다. 셋째, 유능한 교사는 매질에 의존하지 않는다. 넷째, 매질은 근본적인 치유책이 아니다. 마지막으로 매질은 고통이나 두려움을 남긴다. Quintilian, *Institutio Oratoria*, 1, pp. 59-61.

19 Lehmberg, *Sir Thomas Elyot Tudor Humanist*, p. 53.

20 Pearl Hogrefe, *The Life and Times of Sir Thomas Elyot Englishman* (Ames: Iowa State University Press, 1967), p. 149.

하고, 열일곱 살부터는 아리스토텔레스, 키케로, 플라톤 등의 도덕 철학을 읽어야 한다고 제언했다. 엘리어트와 같은 인문주의자에게 고대 그리스와 로마의 저작들은 지혜와 학식의 원천이었기 때문이다. 이러한 이유에서 엘리어트는 귀족 집안의 아이들이 희랍어와 라틴어 지식을 심화시키고 고대의 저술들을 부지런히 읽어야 한다고 충고했고, 이를 위해 그들이 폭식, 과음, 늦잠 등을 피해야 한다고 고대인들의 입을 빌려 주장했다.

> 그들[아이들]은 고기와 술을 게걸스럽게 먹어서는 안 된다. 잠을 너무 많이 자서도 안 된다. 잠은 8시간 정도 자면 적당하다. 늦잠은 학습에 큰 장애가 될 뿐만 아니라, 몸과 정신을 건강하게 유지하는 데 방해가 된다. 아울루스 겔리우스의 지적대로 아이들이 고기를 탐식하고 잠을 너무 많이 잤을 때 그들은 학습능력이 저하되고, 게으름이 찾아오며, 기지에 녹이 서려 제대로 성장하기 힘들기 때문이다. 갈레노스는 아이들이 술을 마셔서는 안 된다고 주장했다. 술은 아이들의 몸에 해를 입히고 정신을 몽롱하게 만들기 때문이다.[21]

---

21 Elyot, *The Governor*, p. 40.

한편 엘리어트는 아이들이 열네 살이 되면 그들의 신체를 부지런히 단련해야 한다고 주장했다. 엘리어트는 아이들의 여가활동과 건강을 위해 신체 운동을 강조했다. 아이들은 몸을 움직임으로써 마음에 휴식을 제공하고, 적당한 운동을 통해 건강을 유지할 수 있기 때문이다. 그러나 여기에는 군사적인 이유가 있었다. 튜더 잉글랜드의 귀족들은 여전히 "중세적 의미에서 기사들"이었고, 그들은 어느 정도 전쟁 수행 능력을 겸비하고 있어야 했기 때문이다.[22] 따라서 엘리어트는 레슬링, 달리기, 수영, 무기술, 승마, 궁술, 사냥 등 아이들의 몸을 강인하게 만들어 주면서 동시에 그들의 전쟁 수행능력을 높여주는 운동들을 강조했다.[23]

IV

엘리어트는 인문주의자들의 충고를 받아들여 아이들이 일곱 살이 되기 전에 교육을 시작해야 한다고 주장했다. 이때 교육은 주로

---

22 Ernest Barker, *Traditions of Civility* (Cambridge: Cambridge University Press, 1948), p. 132.

23 Elyot, *The Governor*, p. 60.

고대 그리스와 로마의 언어를 배우는 것이었다. 엘리어트는 고대의 언어가 아이들의 모국어가 아니므로 학습을 가능한 일찍 시작해야 한다고 주장했다. 한편 엘리어트는 교육이 인간에게 꼭 필요하다는 인문주의자들의 주장을 반복하면서 유년기의 교육을 정당화했다. 그에게 교육은 인간의 신성한 의무이자 행복한 삶을 위한 전제조건 이었다.

엘리어트는 인문주의자들의 가르침에 따라 교육의 과정에서 유모와 가정교사의 역할을 중시했다. 우선 엘리어트는 아이들의 양육을 책임질 유모가 도덕적으로 선해야 한다고 주장했다. 왜냐하면 "아이는 유모의 젖과 함께 그녀의 나쁜 습성을 빨아먹기 때문이다."[24] 이것은 보고 듣는 것은 모두 따라 한다는 아이의 모방 본성과 관련된 문제로서 엘리어트는 아이가 주변의 나쁜 습관과 범례에 의해 도덕적으로 쉽게 타락할 수 있음을 경고했다. 다음으로 엘리어트는 학식과 인격을 겸비한 가정교사의 선정을 강조했다.[25] 아이들의 학습을 책임질 교사는 고대의 언어와 문학에 정통한 사람이어야 하고, 나아가 아이가 사람됨을 따라 배울 수 있는 도덕적인 사람이어

---

24 *Ibid.*, p. 15.

25 알프스 이북 지역에서는 도시와 학교 제도가 충분히 발달하지 못했다. 따라서 당시 독일과 영국에서 귀족 계급의 아이들은 가정교사를 통해 교육을 받아야 했다. William Woodward, *Studies in Education during the Age of the Renaissance 1400-1600* (Cambridge: At the University Press, 1906), p. 276 참조.

야 하기 때문이다.

인문주의는 고대의 언어와 문학을 의미하는 말이다. 엘리어트는
영국의 인문주의자로서 교육과정을 고대 그리스와 로마의 언어와
문학으로 구성했다. 엘리어트는 고전어 학습에서 말하기의 중요성
을 강조했다. 그는 아이들이 문법서가 아닌 주변 사람들과 대화를
통해 언어를 배워야 하고, 이를 위해 유모를 비롯한 아이의 주변 인
물들이 바른 언어를 사용해야 한다고 주장했다. 또한, 엘리어트는
문법 공부를 위한 문법 공부를 지양하면서 아이들이 되도록 일찍 고
대의 문학 작품들을 읽어야 한다고 주장했다.[26] 그에게 "문법 공부
는 어디까지나 고대의 저자들을 읽기 위한 입문과정"에 불과했기 때
문이다.[27]

인문주의자들은 당시 학교에서 행해지던 혹독한 체벌에 반대했
다.[28] 그들은 교육이라는 이로운 일에 즐거움이 함께 하는 것이 바
람직하다고 생각했다. 이러한 이유에서 인문주의 교육이론가들은

26　Elyot, *The Governor*, pp. 29-40. 엘리어트는 고대문학의 교육적 효용성
　　을 강조하면서 아이들이 읽어야 할 독서목록을 출생 후 7살까지 1단계, 7
　　살부터 13살까지 2단계, 13살에서 17살까지 3단계, 18살에서 21살까지 4
　　단계, 그리고 21살 이후를 5단계로 구분해 제시했다.

27　*Ibid.*, p. 29.

28　"오늘날 학교는 고문의 장소가 되어가고 있다. 당신은 학교라는 곳에서 회
　　초리가 아닌 몽둥이가 '휭' 하고 돌아가는 소리를, 아이들의 울부짖는 소
　　리를, 그리고 야만적인 교사의 고함만 들을 수 있을 뿐이다." Erasmus, *On
　　Education for Children*, p. 325.

아이들을 욕설과 매질이 아닌 사랑과 돌봄으로 교육할 것을 충고했다. 같은 맥락에서 엘리어트는 아이들이 공부를 즐거운 것으로 인식하기를 원했고, 이를 위해 아이들의 내적 동인에 기초하는 온화한 학습방법을 선호했다. 구체적으로 엘리어트는 "부끄러움"과 "칭찬"을 통해 아이들을 학습으로 유도하려 했다. 엘리어트는 "부끄러움"을 "아이의 욕구와 행동을 통제하는 굴레"로, "칭찬"을 "아이의 학습과 덕을 고무시키는 자극"으로 정의하면서 교사가 이러한 심리적 방법들을 아이들의 교육에 적극적으로 활용할 것을 주장했다.[29]

교육적인 관점에서 인문주의자들은 고대인들의 '본성 대 양육' 논쟁을 되풀이했다. 르네상스의 '아이'였던 엘리어트도 이 주제에 관심을 가졌다. 그의 입장은 "인간의 타고난 본성이 훌륭한 가르침과 범례를 통해 교정되고 더 좋은 방향으로 나아갈 수 있다"라는 것이었다.[30] 이때 문제가 되는 것은 아이가 그의 본성에 맞는 것을 학습해야 한다는 것이다. 아이가 자기 본성에 반하는 것을 학습할 때 그는 심각한 지적·도덕적 손실을 경험하기 때문이다. 이런 관점에서 엘리어트는 "교사가 가장 먼저 해야 하는 일은 그의 학생의 본성을 파악하는 것"이라고 말하고,[31] 교사의 지혜로운 행동을 전제로 아이의 타고난 본성이 후천적 양육을 통해 개선될 수 있다고 주장했다.

---

29   Elyot, *The Governor*, p. 27.

30   *Ibid.*, p. 28.

31   *Ibid.*, p. 20.

V

우리는 엘리어트가 《가버너》에서 전개한 교육이론을 인문주의라는 보편적 틀 속에서 이해할 수 있다. 그러나 그의 통치자 교육론은 인문주의적인 요소 외에 '영국'이라는 국가적/민족적인 요소를 담고 있다. 엘리어트는 인문주의 교육사상을 그가 속한 세계의 문맥 속에서 바라보면서 그것을 16세기 영국의 지배계급 교육이라는 구체적이고 실천적인 문제에 적용했기 때문이다.[32] 이러한 관점에서 카스파리의 지적대로 "엘리어트는 언제나 [그의 시대] 영국의 상황을 염두에 두고 있었다"라고 볼 수 있다.[33]

엘리어트는 그의 삶의 대부분을 헨리 8세의 궁전에서 보냈고, 그의 교육적 이상을 '궁정인'의 모델에서 찾았다.[34] 엘리어트의 '궁정인'으로서의 경력은 그의 교육적 사고에 영향을 주었다. 아직 중세의 여운이 남아있던 16세기 전반기의 유럽에서 궁전의 분위기를 접할 수 있었던 엘리어트는 악기연주, 회화, 조각과 같은 미학적 활동들을 그의 교육과정에 포함할 수 있었다. 그러나 이것들은 어디까지

---

32 Arthur Ferguson, *The Indian Summer of English Chivalry* (Durham: Duke University Press, 1960), pp. 218-219.

33 Caspari, *Humanism and the Social Order in Tudor England*, p. 187.

34 Lehmberg, *Sir Thomas Elyot Tudor Humanist*, p. 62.

나 학습 후의 휴식을 위한 것이었고, 이러한 이유에서 엘리어트는 교사가 "계속되는 학습 때문에 아이의 섬세하고 부드러운 기지가 무 뎌지거나 억압"되지 않도록 공부와 놀이 사이에 적절할 조화를 유지 해야 한다고 주장했다.[35]

엘리어트가 교육의 과정에서 음악, 회화, 조각을 강조한 것은 단 지 아이의 휴식과 기지의 재충전을 위해서만은 아니었다. 엘리어트 는 이러한 심미적 활동들의 실천적 이점을 고려했기 때문이다. 우선 엘리어트는 음악을 통치자 계급의 아이들에게 유용한 교과목으로 간주했다. 아이들은 "음악에 대한 완벽한 이해"를 통해 "국가를 구성 하는 신분과 재산이 서로 다른 사람들을 조화롭게 통치해 나갈 수 있는 지식"을 얻을 수 있기 때문이다.[36] 다음으로 엘리어트는 회화 와 조각의 실용적 목적에 주목했다. 그는 전쟁터에서 군사지도의 유 용성을 예로 들면서 그리기의 실천적 쓸모를 지적했다. 계속해서 엘 리어트는 잘 그려진 그림이 아이들의 독서를 돕는 시청각 교재의 역 할을 하며, 정밀한 조각상은 그 자체로 아이들의 마음에 강한 인상

---

35 Elyot, *The Governor*, p. 20.

36 *Ibid.*, pp. 22-23. 엘리어트는 음악이 인간의 영혼을 조화롭고 균형 잡힌 것으로 만들어 준다는 고대 그리스인들의 주장을 반복했다. 플라톤은 《국 가》 3권에서, 아리스토텔레스는 《정치학》 8권에서 아이들의 영혼을 음악 으로 수련시켜야 한다고 주장했다. Plato, *Republic*, trans. Benjamin Jowett (London: The Colonial Press, 1901), pp. 81-88; Aristotle, *Politics*, trans. Benjamin Jowett (New York: The Modern Library, 1943), pp. 326-337 참조.

과 여운을 남긴다고 주장했다.[37]

엘리어트는 그의 교육계획에서 아이들의 신체훈련(특히 아이들이 열네 살이 지나면)을 무시하거나 소홀하게 다루지 않았다. 튜더 잉글랜드에는 아직 상비군과 같은 중앙집권적인 군대조직이 존재하지 않았다. 따라서 왕은 그의 안위와 국가의 안보를 그와 정치적 계약관계에 있었던 지방의 군소 귀족들의 군사적 의무에 의존해야 했다.[38] 이러한 관점에서 지방에 영지를 소유한 귀족이자 기사(騎士)였던 엘리어트는 통치자 계급에 속한 아이들의 교육을 논하면서 그들의 신체훈련을 전쟁을 대비하는 군사훈련으로 강조하지 않을 수 없었다.

엘리어트는 전쟁과 같은 고난을 염두에 둔 채, 아이들의 육체를 강인하게 만들어 주는 운동들에 대해 말했다.[39] 엘리어트는 레슬링을 "가장 영국적인 스포츠"로 손꼽았다.[40] 그리고, 당시 영국의 실제 생활을 염두에 두면서 귀족 집안의 아이들에게 다양한 무기 사용법

---

37 엘리어트는 카스틸리오네의 영향을 받은 것처럼 보인다. 카스틸리오네는《궁정인》에서 그리기의 군사적 유용성을 말했다.《가버너》보다 3년 먼저 출판된 카스틸리오네의 책은 당시 유럽에서 베스트셀러였다. 엘리어트가 카스틸리오네의 책을 직접 읽지는 못했다 하더라도 최소한 그 내용은 알고 있었을 것이다. Baldesar Castiglione, *The Book of the Courtier*, trans. Leonard Opdycke (New York: Charles Scribner's Sons, 1903), p. 65 참조.

38 Bindoff, *Tudor England*, pp. 52-56.

39 Elyot, *The Governor*, p. 60.

40 Woodward, *Studies in Education during the Age of the Renaissance 1400-1600*, p. 291.

과 검술과 창을 사용하는 기사도 훈련을 처방했다.[41] 특히 엘리어트는 사냥의 이로움을 강조했다. 사냥을 "전쟁의 모의연습"으로 간주했는데,[42] 말을 타고 달리면서 먹이를 쫓는 사냥터의 모습이 축소된 전쟁터와 같았기 때문이다. 엘리어트는 아이들이 사냥의 과정에서 용기, 힘, 승마술, 기민함, 기지 등 전쟁터에서 필요한 대부분의 능력을 습득할 수 있다고 주장했다.

그러나 엘리어트의 신체운동에 대한 강조는 아이들의 여가활동을 고려한 것이기도 했다. 왜냐하면, 아이들은 몸을 움직이는 것에 의해 머리를 식히고 다시 공부에 전념할 수 있기 때문이다. 또한, 신체운동은 아이들의 건강을 위한 것이었다. 왜냐하면, 아이들이 "적당한 운동 없이 계속해서 공부만 한다면 그들의 기지는 활력을 잃고, 식욕은 저하되며, 소화불량은 수명 단축"으로 이어질 것이기 때문이다.[43]

엘리어트는 신체활동의 하나로서 춤을 강조했다. 그는 춤이 그 자

---

41   Lehmberg, *Sir Thomas Elyot Tudor Humanist*, p. 64; Caspari, *Humanism and the Social Order*, p. 167.

42   Elyot, *The Governor*, p. 66.

43   Elyot, *The Governor*, p. 59. "[운동은] 몸의 순환을 원활하게 해주고 몸의 바른 습관을 형성시켜 준다. 운동은 그 자체로 하나의 움직임이고, 운동을 통해 몸의 각 구성분자가 단단해지고 몸은 노고를 견디는 힘을 갖게 된다. … 운동은 건강을 유지하는데 꼭 필요하며, 운동 없이 인간은 건강하게 오래 살 수 없다." Thomas Elyot, *The Castel of Helth* (London, 1541), fol. 48r, quoted in Lehmberg, *Sir Thomas Elyot Tudor Humanist*, p. 137.

체로 운동이며 건전한 여가활동이라고 주장했다.[44] 그러나 엘리어트의 주된 관심은 춤을 도덕화하는 것이었다. 그는 아이들이 춤을 통해 그들의 영혼을 도덕적으로 만들 수 있다고 믿었다. 일례로 엘리어트는 남자와 여자가 춤을 같이 추면서 그들의 상반되는 자질들이 두 극단에서 벗어나 조화를 이룬다고 주장했다. 춤이라는 신체적 움직임을 통해 남성의 "과감함"은 여성의 "수줍음"과 결합해 "담대함"이라는 중용의 덕을 낳기 때문이다.[45] 이러한 관점에서 엘리어트는 춤의 도덕적 효용성에 주목하면서 춤을 유익한 학습으로 간주했다. 구체적으로 엘리어트는 "신중함'이라는 덕목을 춤의 여덟 단계를 통해 어떻게 가르칠 수 있는지를 설명했다.[46]

엘리어트가 마지막으로 언급하고 있는 신체운동은 활쏘기다. 그는 활쏘기를 몸과 마음이 극단으로 치닫는 것을 막아주는 균형 잡힌 운동으로 보았다. 더해 그는 활쏘기가 전쟁터와 사냥터에서 쓸모가 있다고 주장했다. 엘리어트가 활쏘기 운동을 강조한 이유는 그가

---

44 Elyot, *The Governor*, p. 69.

45 Elyot, *The Governor*, pp. 77-78.

46 *Ibid.*, pp. 78-88. 춤을 도덕적 운동으로 보는 엘리어트의 시각은 16세기 전반기의 영국 사회의 특징을 반영했다. 엘리어트는 알프스 이북 지역의 종교적이고 도덕적인 분위기 속에서, 특히 영국의 사회·정치적 맥락 속에서 춤을 미학적 활동이 아닌 교육적 수단으로 보았다. John Major, "The Moralization of the Dance in Elyot's *Governor*," *Studies in the Renaissance*, 5 (1958), pp. 27, 35-36 참조.

속한 지방 젠트리 계층의 여가활동을 고려한 것이었다. 그러나 엘리어트는 영국인들이 오래전부터 전쟁터에서 활솜씨로 명성을 쌓아왔다는 사실에 주목하면서 그의 시대의 활쏘기 운동의 쇠퇴를 역사적으로 비판했다. 실제로 당시 영국의회는 활쏘기 운동의 쇠퇴를 개탄하고 이 운동의 부흥을 위한 여러 입법을 제정했다.[47] 결론적으로 엘리어트의 활쏘기 운동에 대한 논의는 매우 '영국적'인 것이었고, 그는 활쏘기가 즐거움과 이점을 모두 갖춘 운동으로서 영국의 신사 자제들에게 반드시 필요한 운동이라고 주장했던 것이다.[48]

VI

엘리어트는 16세기 영국의 인문주의 교육이론가이다. 그러나 그의 인문주의는 '국가적 지평'의 제약을 많이 받았다. 엘리어트는 대륙의 인문주의를 영국의 기사도 전통과 접목해 튜더 잉글랜드의 지

---

47 Hogrefe, *The Life and Times of Sir Thomas Elyot Englishman*, pp. 152-155.

48 엘리어트와 함께 16세기 영국 교육학을 대표하는 인물인 로저 아스캄은 1545년에 《톡소필루스》를 출판했다. 이 책에서 아스캄은 활쏘기의 여러 이점을 상세하게 논의했다.

배계급을 새 시대의 사회적 이상에 맞게 교육하려 하였다. 이를 두고 카스파리는 "그[엘리어트]의 마음속에는 인문주의와 애국심이 한데 녹아 있었다"라고 평가하고, 엘리어트의 인문주의를 "인문주의적 민족주의"로 규정한다.[49]

부연하면, 엘리어트는 대륙에서 성행하던 인문주의 교육이론을 영국에 소개·보급하는 역할을 맡았을 뿐만 아니라, 국적 없는 인문주의에 튜더 잉글랜드의 색깔을 덧칠하는 역할도 맡았다. 앞서 살펴본 것처럼, 엘리어트는 헨리 8세의 궁정에서의 경험을 통해 음악, 회화, 조각, 춤과 같은 심미적 활동들의 교육적 의미를 고려했고, 교육을 언제나 영국인 특유의 실용적인 관점에서 바라보았으며, 튜더 잉글랜드의 정치적 상황을 반영해 아이들의 신체적·군사적 훈련을 강조했기 때문이다.

결국, 엘리어트는 '무채색'의 인문주의 교육학을 16세기 영국의 시대상에 맞추어 창의적으로 재진술하면서 그가 속한 지역의 특수성에 기인하는 독자적인 교육이론을 형성했다. 이때 그는 조국에 대한 봉사라는 국가적/민족적 요소를 많이 고려했다. 그에게 교육은 '국가를 위한 유능하고 믿을만한 통치자 계층을 육성'하는 실천적인 활동이었기 때문이다. 따라서 이 애국적이고 매우 영국적이었던 튜더 잉글랜드의 기사는 그의 시대의 '투박하고 교양 없는' 영국의 귀

---

49   Caspari, *Humanism and the Social Order in Tudor England*, pp. 172-173.

족들을 학식과 지혜를 겸비한 통치자 계급으로 거듭나게 하는 일이 매우 가치 있고 유용한 일임을 강조하면서 그의 논고를 끝마칠 수 있었다.

이 책에서 제안하는 방법으로 장차 국가의 통치자가 될 아이들을 교육해야 한다. 그래야만, 사람들은 그들을 권위와 명예와 고귀함을 지닌 존재로 우러러보고, 그들이 자라서 국가를 통치할 때면 모든 것이 번영하고 완벽에 가까울 것이다. 그런 자들은, 이 세상에서는 값진 보석처럼 빛나는 삶을 살고, 저 세상에서는 생전의 노고에 걸맞은 영생을 누리리라.[50]

---

50 Elyot, *The Governor*, p. 241.

인명 색인(본문)

| 지은이 소개 |

김성훈(金成勳)은 강원도 춘천에서 태어났다. 강원대학교를 졸업하고 캐나다 앨버타대학교 대학원에서 철학박사 학위를 취득했다. 현재 강원대학교 교육학과 교수로 재직하고 있다. 서양교육사와 교육고전에 관심이 있다.

16세기 영국의 교육사상가들

1. 토마스 엘리어트

초판 인쇄 2024년 8월 20일
초판 발행 2024년 8월 30일

지 은 이 | 김성훈
펴 낸 이 | 하운근
펴 낸 곳 | 學古房

주   소 | 경기도 고양시 덕양구 통일로 140 삼송테크노밸리 A동 B224
전   화 | (02)353-9908 편집부(02)356-9903
팩   스 | (02)6959-8234
홈페이지 | www.hakgobang.co.kr
전자우편 | www.hakgobang@naver.com
등록번호 | 제311-1994-000001호

ISBN 979-11-6995-518-8 93370

값 11,000원